すごすぎる小さな習慣

児玉光雄

三笠書房

はじめに

世界のトップ数%の成功者だけが知る秘密の習慣をあなたに！

——身につけたい「習慣」は誰でも簡単に身につけられる

この本との出会いがあなたの運命を変えるかもしれません。

私は過去30年以上にわたり、日本では数少ない、プロスポーツ選手のメンタルカウンセラーを務めてきました。

あなたはメジャーリーガーの大谷翔平選手がいとも簡単にホームランをバックスクリーンに叩き込むシーンを見ています。あるいは、サッカーの久保建英（たけふさ）選手が次々にゴールキックを決めるシーンを目に焼きつけています。

しかし、彼らが卓越したスキルを身につけた裏側には、「それを身につけるための鍛練を積み重ねることに人生の大部分を捧げてきた」という事実が存在します。

じつは、**目標や夢というものは、それらが壮大なものであればあるほど、達成するまでの期間は長くなります**。必然的に、目標や夢が遠い未来のものであればあるほど、描くだけの自己満足で終わってしまい、行動を起こしにくくなり、結果的に目標や夢は描くだけのものになってしまう運命にあるのです。

しかし、そんな遠くにある壮大な目標や夢も、日々の目立たない行動にスポットライトを当てれば、俄然、行動力は高まるのです。私が「小さな習慣」と呼んでいる**「日々の目立たない作業を完了させること」**をやりがいにして、実行できているかをこまめにチェックすれば、それらの作業は「習慣」として定着し、すごいパワーに変わります。

「練習へのこだわり」に関して、2023年シーズンのみごとMVP（最優秀選手賞）とホームラン王に輝いた大谷選手は、こう語っています。

「いくつかあるパターンの中で、これがいいのか、あれがいいのかを1日に1つだけ試していく。一気に2つはやりません。で、これがよかった、こっちはどうだったと、毎回試していく感じです」

スポーツのみならず、あらゆる分野で、偉大な業績は日々の小さな習慣の積み重ねによって成し遂げられているという事実を再認識してください。

この本では、小さな習慣の定着に力を発揮する、数多くのチェックシートを紹介しています。ぜひ、コピーをして活用してください。これらのチェックシートを駆使すれば、あなたも日々当たり前となっているルーティンワークに対して情熱をもって取り組めるようになり、驚くような成果を挙げることが可能になるのです。

「やる気」や「意思力」という言葉には好ましい響きがあります。たしかに、すごい成果を挙げるためには、やる気や意思力は不可欠な要素かもしれません。

しかし、やる気や意思力をとくに駆使しなくても、小さな習慣を身につけて日々の行動を丹念に形に残すことにより、成果は驚くほど挙がります。脳の報酬系への刺激を上手に設定することにより、簡単に行動力が身につくのです。

たとえば、私の場合、「これから英文の論文を1時間読んだら、趣味の鉄道模型の運転を15分楽しむ」というルールを設けてから論文を読み始めます。すると、英文読破に驚くほど集中できる自分を発見できます。

あるいは、フィットネスジムにおける腹筋のトレーニングも、3分間で何回できるかという「自己ベスト」との戦いに挑めば、辛いトレーニングも楽しくなるというものです。さらに、その成果をこの本に収録しているチェックシートに記入して可視化することにより、その習慣は簡単に根づきます。

本書で紹介するノウハウは、**仕事・勉強・ダイエット・子育て……あらゆる作業に絶大な効果を発揮し、あなたの人生を充実させてくれる**ものです。小さな習慣を定着させるこのノウハウを、理屈抜きに身につけて目の前の作業に取り組めば、あなたの仕事は自動的にやりがいのある自発的なものに変わるのです。

児玉光雄

もくじ

Chapter 1
「小さな目標」が人生を大きく変える

Chapter 2
脳を味方にすれば「習慣」は定着する

Chapter 3

続かない人に効く「実行力」アップの方法

Chapter 4
「ルーティン」がもたらすすごい効果を実感しよう

Chapter 5

「身についた習慣」を二度と手放さないコツ

Chapter 6

「よくない習慣」を苦もなくやめるワザ

Chapter 7
「時間」をうまく操って習慣力を高めよう

Chapter 8

心身をリフレッシュしてみごと目標を達成する

Chapter 1

「小さな目標」が人生を大きく変える

月間目標でも、週間目標でもなく、人生は「日課」でできている

あなたの人生は、今日という1日にしか存在しません。もっと言えば、目の前の一瞬こそ、あなたの唯一の人生なのです。かつて私が2年間学んだUCLA（カリフォルニア大学ロサンゼルス校）のバスケットボール部の伝説的な名コーチ、ジョン・ウッデンは、お父さんからこのような言葉を教えてもらったといいます。

「今日という1日を最高傑作にしなさい」

昨日は終わってしまった日。潔く忘れてしまいましょう。昨日の失敗や、やるべきことができなかったことを後悔しても仕方がありません。そんなことを考えると、行動力が鈍るだけでなく、肝心の目の前の大切な時間を浪費してしまいます。

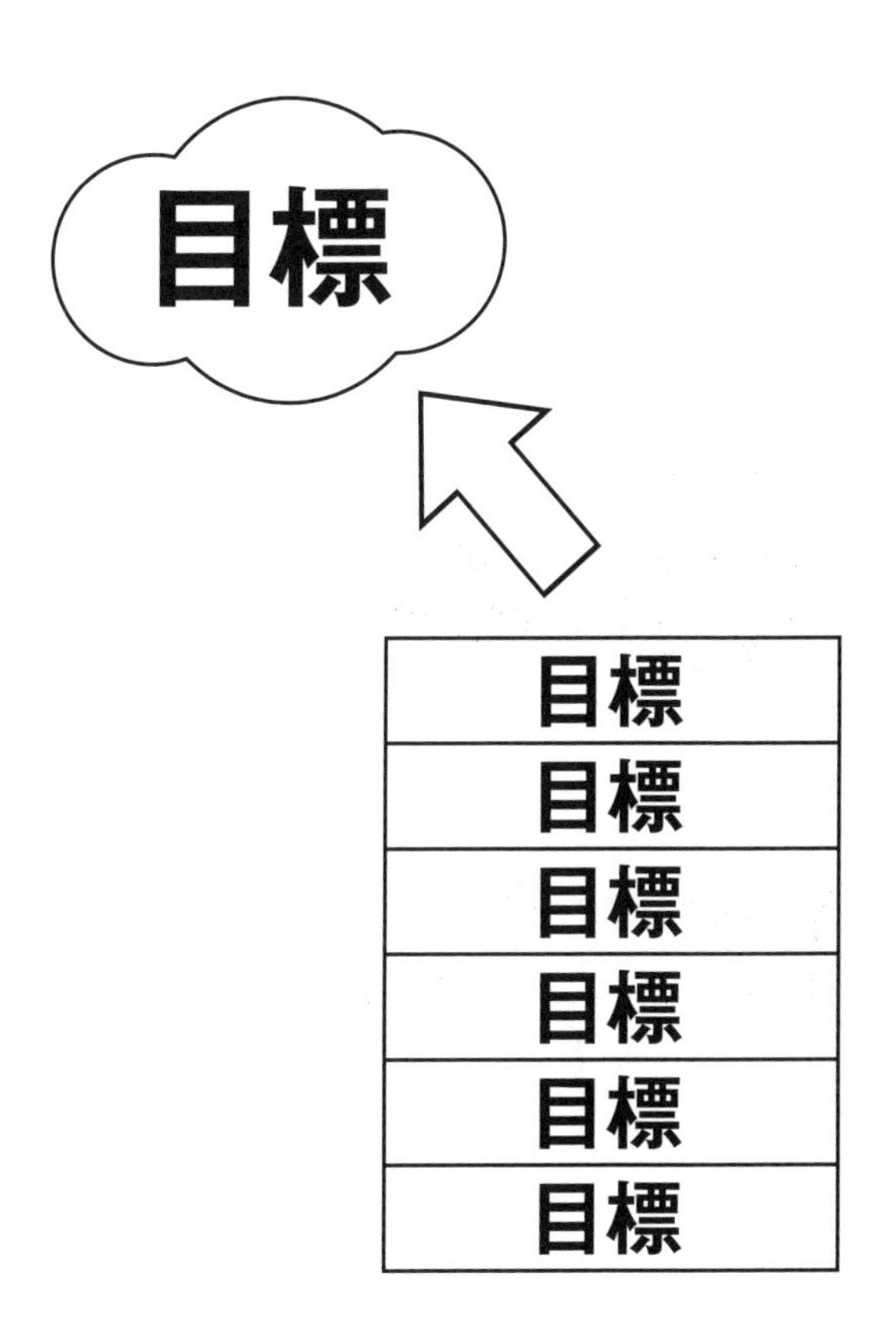

壮大な目標を掲げるよりも、今日やるべき「小さな目標」を日々達成し続けることに注力しよう

そして、明日のことは明日考えればいいのです。あなたが最優先すべきは、朝起きたときに、今日という1日で何をやり遂げるかを考えることです。そのことだけに意識を張りめぐらせて朝をスタートさせましょう。

多くの人々が壮大な夢を描くだけで自己満足しています。しかし、今日やるべきことの優先順位をつけ、そのプラン通りに行動を起こす。これこそが、古今東西の成功者と言われている人がやっていることなのです。大きな夢を描くだけで、行動を起こさない夢想家に成り下がってはいけません。

年間目標よりも月間目標、月間目標よりも週間目標、そして週間目標よりも日課に意識を注ぎましょう。

はるか先にある大きな目標よりも、いま目の前にある小さな目標を達成することが大事なのです。私にとっては「1か月後に本を書き上げる」という目標をひとまず忘れて、今日、自分の思いをぶつけて3000字の原稿に仕上げることのほうが何倍も大事なのです。あるいは、フィットネスクラブでみずからに課した1日のトレーニングメニューをやり遂げることに、全力を尽くすのです。

考えてみれば、1日は人生の縮図です。夜眠りに就くのは「死ぬ」のと同じであり、朝目覚めるのは「生まれる」のと同じなのです。

「昨日の夜はまるで死んだようにぐっすりと眠ることができた。夢も見なかった」という睡眠は、快適な睡眠の証拠であり、日々の生死のプロセスが、あなたの中でうまく機能している事実を表しています。

もう一度繰り返します。あなたにとってやるべきは、「はるか先にある壮大な夢を実現すること」ではなく、「今日やるべき小さな行動をやり遂げること」なのです。

お金を貯めたけりゃ、貯金箱を玄関に置きなさい

あなたが身につけたい小さな習慣があるとしましょう。しかし、多くの人は身につ

けるための行動にすぐに取りかかることができません。

なぜなら、実際に行動を起こすことよりも、その行動を起こすための準備のほうにエネルギーを取られてしまうからです。

肝心の行動にすぐに取りかかれない理由は、行動そのものにあるのではなく、その行動をするための準備ができていないからなのです。

朝ウォーキングをしたかったら、トレーニングウェアに着替えてベッドに入ろう。

すぐに行動に取りかかれる準備をしておけば、あなたが身につけたい小さな習慣は簡単に身につきます。たとえば、健康のことを考えて、朝食で嫌いなブロッコリーを食べようとあなたが決心したとします。その行動のためにしておくといい準備とは何でしょうか。

それは、寝る前にブロッコリーを茹で、お皿に盛りつけて冷蔵庫に入れてから、ベッドに入ることです。そして、次の日の朝、ブロッコリーの入ったお皿を冷蔵庫から出して食卓にもっていけば、すぐに口に入れることができます。あらかじめ行動するための準備に工夫を施すだけで、あなたの実行力は格段に進歩するのです。

こんな実験があります。カフェテリアに設置されているアイスクリームの販売コーナーには商品を溶かさないためにガラスの扉がついていますが、この扉を開けておいたところ、カフェテリア利用者の30パーセントがアイスクリームを購入しました。

ところが、このガラスの扉を閉めておき、購入者がみずから扉を開けて商品を取り出すようにしたところ、利用者の14パーセントしか購入しなかったのです。もちろん、アイスクリームそのものは、どちらの場合も外から同じように見えていたことは言うまでもありません。あるいは、単純に対象を目立たせ、見える確率を高めるだけでも、行動は格段に起こしやすくなります。

もし、あなたが本気で貯金をしたいなら、居間に貯金箱を置くよりも、玄関の靴箱の上に置くべきです。

毎日、自宅に戻ったとき、靴を脱ぐついでに財布の中にあるコインすべてを、その貯金箱に入れる習慣を身につければ、1か月で簡単に2万円から3万円が貯まることに、あなたは気づくはずです。

「貯金を増やしたい！」という思いを具現化する1つの策として、「いかにして貯金箱を自分の目がひんぱんに向くところに置くことができるか」が決め手になります。

そのためには、居間の机の隅に貯金箱を置くよりも、毎日かならず目が向く場所に置くほうがよいのです。

新しく始めたい習慣を持続させるには、その習慣をすぐに始められる工夫をしたり、否応なくやらなければならない環境づくりに精を出すことです。

それが、好ましい習慣を身につけるために不可欠な要素になるのです。

やるべきことを小分けにすれば、習慣は勝手に根づいてくれる

新しく始める小さな習慣を、あなたの中に根づかせるためには、さまざまな工夫を

凝らすことが求められます。まずは、「細分化」という技を身につけてください。

象をたいらげるにはどうすればよいでしょう？　答えは「一度にひと口ずつ」です。

たとえば、あなたが「1時間ウォーキングする」という目標を立てたとします。しかし、最初から「毎日1時間連続してウォーキングするぞ！」という考えでは、まず長続きしません。それよりも、細分化することによって小さな習慣が根づきます。

私は「細分化行動パターン」を推奨しています。1時間ウォーキングしようと思ったら、週末はともかく、平日に連続して1時間という時間を確保し続けるのは、とても難しいはずです。しかし、20分、30分、40分……と、1日の時間を小刻みに細分化してウォーキングを行なおうと考えたらどうでしょうか。ウォーキングのための時間を確保することは、さほど難しくなくなるはずです。

つまり、一度に行なうウォーキングの時間を細分化し、すきま時間や通勤・通学時を活用して、ウォーキングを小分けにして楽しめばよいのです。

このことにより、小さな習慣が身につくだけでなく、たとえその日60分のウォーキングができなかったとしても、30分や40分のウォーキングは着実に実行できるのです。

細分化は、悪習慣を葬り去る場合にも威力を発揮します。たとえば、禁煙をしたいというとき、ふだん1日に20本吸っている人が突然、「タバコをやめる」と宣言しても、その実現は難しいものです。このようなときは、1週間で1日2本ずつ減らしていき、10週間で禁煙するという目標を掲げれば、成功させる確率は、一気に禁煙するよりも高まります。もちろん、目標が達成できなくても、減煙できます。

「〝今日だけは〟テクニック」も、小さな習慣を根づかせるには有効な方法です。

その日の朝、1日にやるべき行動をリストアップして、口癖として「今日だけは〇〇を実行する！」と宣言するのです。

そして「何としてもその作業を1日で全部実行する」と続けて宣言してください。

それでも、仕事が忙しく、突然の訪問者とのミーティングによって、宣言した作業が実行できないこともあるでしょう。そんな時には、翌日それをふたたびリストアップし、改めて宣言して実行すればいいだけの話です。

このように、1日という単位で「細分化」と「〝今日だけは〟テクニック」を駆使して、やるべきことを果敢に実行していけば、習慣はかならず根づきます。

日々割りこんでくることに対して柔軟性をもちつつ、目の前の作業を行なうことだけに全力を尽くすのが、このテクニックの肝なのです。

三日坊主を退治する「3分間1ユニット」法

私は現在、1日30分の速歩を習慣にしています。消費カロリーが通常よりも大幅に増える速歩は、ダイエットの促進や、高血圧・糖尿病の予防効果がウォーキングよりも顕著であることが証明されています。通常の歩く速さは時速おおよそ5キロメートトル、この速度で歩くと、分速80メートル。しかし、速歩はそれよりも2割スピードアップします。つまり、時速6キロ、1分間に100メートルのペースで歩けば、ダイエットや高血圧に好ましい効果をもたらし、寿命まで延ばしてくれます。

オーストラリアのシンクタンクの研究では、シドニーに住む70歳以上の男性被験者1705人を対象にした実験で、分速50メートルで歩くグループは、それよりも遅く歩くグループに対して寿命が1・23倍延びたことが報告されています。

そして、実験レポートでは、「分速80メートル以上で歩くと死神に追いつかれない」と結論づけています。言い換えれば、分速80メートルこそ「死神の歩行速度」なのです。私が速歩の習慣を身につけるまでには、長い道のりがありました。「分速80メートル以上で歩けば死神に追いつかれない」という事実を知った私は、その速度で毎日30分歩くことを決めました。

しかし、残念ながら一念発起して始めたその習慣は、見事に三日坊主で終わりました。分速100メートルのペースで5分歩いただけで息が上がってしまったのです。

その速度のまま30分間ウォーキングするのは不可能であることがわかったのと同時に、速歩は普通のやり方では続かないということも悟りました。それでも、私はあきらめませんでした。どうしたかと言えば、速歩を小刻みに行なうことを決意したのです。それこそ、私が「3分間インターバル速歩」と呼ぶウォーキングでした。

やり方は簡単です。すきま時間を活用して「3分単位」で速歩するのです。もちろん、普通の速度のウォーキングはカウントしません。自宅から銀行、コンビニエンスストア、スーパーマーケットといった、毎日行かなくてはならない場所までの移動を活用して「3分間インターバル速歩」を1ユニットとし、1日10ユニットのノルマを自分に課すだけでいいのです。

可能ならば、最初はスマートフォンのストップウォッチ機能を活用して速歩の累積時間を計測し、スケジュール帳に記入することをおすすめします。

30分の速歩を一度に行なうのではなく、3分単位の速歩を小刻みに積み上げていき、累積30分の速歩を行なう——これによって、私は30分速歩の目標を簡単に達成することができたのです。

同様の考え方で、私は「5回腹筋」も日々実行しています。それを1ユニットとし、1日に20ユニットの腹筋を行なえば、100回の腹筋が習慣化できるのです。

運動だけではありません。別のテーマにも応用することができます。

「読書」「英単語記憶」といった習慣化したい作業を、「3分間読書」「3分間英単語記憶」というように、3分間を1ユニットとして細切れにして実行すれば、三日坊主に終わることなく持続できるのです。

脳を「自動モード」にすれば、意思力はいらない

米デューク大学の研究では、私たちの「行動」の約45パーセントは「習慣」で成り立っていることが判明しています。日々同じ行動を繰り返し、毎日ほぼ同じ時間に行

なえば、それはかならず習慣として定着します。

同じ行動を繰り返すことにより、脳内には専用の神経回路が形成されます。すると、それはしだいにマニュアルモードから自動化モードになり、意思の力がなくても自然に行動に移れるようになるのです。

マニュアルモードから自動化モードになる過程をわかりやすく教えてくれるのは、赤ちゃんです。赤ちゃんは両親に指示されることもなく、ヨチヨチ歩きからつかまり立ちになり、そしてある瞬間、ひとりで立ち、最終的に歩き出します。

赤ちゃんは私たちの見えないところで何十回、何百回と「トライ&エラー」のループを回します。そして、神経回路が完成した瞬間、歩くという行為を成功させます。

この事実から私たちが学ぶことは、何でしょうか。

赤ちゃんには邪心もなければ、効率化とか、ズルさもありません。ただ機械的に同じ行動を繰り返すことによって、つまり、すべての赤ちゃんは「反復練習」という小さな習慣の積み重ねにより、自分の力だけで歩けるようになるのです。

逆説的に言えば、大人がしばしば習慣化に失敗するのは、ズルさや言い訳といった赤ちゃんがもち合わせない邪心が幅を利かせて、行動を止めてしまうからです。

一流のスポーツ選手は、黙々と同じ練習を行なう我慢強さをもち合わせています。大谷翔平選手は、あるときこう語っています。

「野球が頭から離れることはないです。オフに入っても常に練習していますもん。休みたいとも思いません。ダルビッシュさんからアドバイスをもらったりしますが、ひとりでああだこうだ考えながらトレーニングすることが好きで、それまでできなかったことができるようになることが楽しいんです。そういう姿勢は高校時代と変わりません」

才能を身につける小さな習慣を持続させるコツは、赤ちゃんのような無邪気さを失わないまま、懸案事項を頭の中に叩きこんで、ただひたすら反復練習を繰り返すことです。このパワーは侮れません。

毎日、同じ時間、同じ場所で、同じ作業を実行する

作家のメイソン・カリーは自著『天才たちの日課』で、161人の著名な作家、作曲家、科学者、哲学者などクリエイティブな人々の1日の過ごし方について分析しています。

そこでわかったことは、彼らがもっとも大事にしているのは「日課」であるという事実です。彼らは独自の方法によって、毎日同じ時間に同じ場所で同じ作業を延々とやり続けたからこそ、偉大な創造者になり得たのです。

彼らの中には、早朝に仕事をする人、深夜に仕事をする人、静かに単調な日々を送る人、どんちゃん騒ぎが好きな人、毎日一定量の仕事をする人、期限ギリギリで力を発揮する人など、相反する習慣を身につけた人がいました。もっと言えば、喫煙や飲酒といった一般的に悪いとされる習慣が、創作活動において不可欠な要素だと考えて

いた人も少なくなかったのです。

その結論として、カリーは「優秀な人間が身につけている習慣は個々によってまったく違うが、みずからに適した習慣を熟知し、それを維持するために多大の努力をしている」と主張しました。

つまり、自分にとっては良い習慣が、別の人にとっては悪い習慣になり得ますし、その逆もあり得るのです。そうであるならば、自分に適した創造性や生産性を高めるための習慣を日常生活に組みこむことに努めましょう。

チャーリー・ブラウンやスヌーピーといったキャラクターが登場する漫画『ピーナッツ』を1万8000回新聞に連載したチャールズ・M・シュルツは、夜明けとともに起床し、子どもたちと朝食を摂り、子どもたちを車で学校へ送ったあと、子どもたちを学校に迎えに行くまで、仕事場でひたすら自分の仕事に没頭するという毎日を送りました。そうして、『ピーナッツ』の連載は1950年10月2日から、シュルツがこの世を去った翌日の2000年2月13日までの50年近く、続いたのです。

私自身の習慣も、シュルツの影響を大きく受けています。本格的に執筆活動を始めたのは１９９６年ですが、そのときすでに典型的な朝型人間だった私は、シュルツの日課を意識しながら、新しい習慣を始めたのです。よほどのことがない限り、毎朝5時に起床し、昼の12時までひたすらパソコンのキーボードを叩き続ける――これを20年以上続けています。この習慣が、２００冊以上の本の刊行を実現してくれたのです。

この時間帯には、起床直後の15分間の瞑想タイム、同じテイストのコーヒーと同じメニューの朝食を摂る20分間、そして数回のストレッチブレイクが含まれます。週に1日のペースで行なうゴルフのラウンドの日や、講演や出張の日も、午前5時から外出の準備に取りかかるまで、私はパソコンの画面の前でキーボードを叩き続けます。

習慣が定着すれば、もはや意思力は必要ありません。1世紀前に生きた著名な心理学者ウイリアム・ジェームスはこう語っています。

「毎日何かをしようと思うたびに、着手する決心をしなければできない人ほど、情けない人間はいない」

興味や情熱はすべて習慣化の副産物です。執筆作業が私にとって1日も欠かすことのできないライフワークになったように、興味や情熱は、日々の日課を絶え間なく繰り返すことにより、自然に湧いてくるものなのです。

同じ作業を反復することを快感にしてしまう

私は「ローマは一日にしてならず」とか「千里の道も一歩から」という格言が大好きです。どんな大きな偉業も、日々の目立たない作業の積み重ねによって実現したという事実を忘れてはなりません。

執筆作業以外に、私は13年間にわたって大学の教員として2500回以上の授業やゼミを行ないました。そして、現在も精力的に行なっている講演活動も800回を超えています。これこそ、私の生きがいであり、日々の作業を大切にしてきた結果です。

とにかく同じ作業を延々とやり続けるのが私の得意技なのかもしれません。あるいは、地道に目立たない作業を淡々とやり遂げることもまた、自分の特長のような気がします。

私はテニスプレーヤーとして、大学時代に全日本選手権に出場しました。とくに目立った強烈なショットをもち合わせていなかったため、ただひたすら粘り強く、相手にボールを返球することだけが取り柄でした。つまり、相手が根負けしてミスをしてくれたから勝利を積み重ねることができたのです。飽きるほど同じショットを繰り返して練習することが楽しかった大学時代、ひとりで黙々とグラウンドストロークの壁打ちをするのが習慣になっていました。その習慣が全日本選手権出場へと導いてくれたのです。

私は現在、6名のプロゴルファーのメンタルカウンセラーを務めていますが、1時間かけて14本のクラブをまんべんなく練習してもなかなか身につきません。しかし、たとえば7番アイアンをみっちり1時間かけて打ちこんだら、かならずそのショットは洗練されるはずです。

これは私が自分のキャリアを通して感じたことなのですが、同じ作業を長期間かけて淡々とやり遂げる。これはひょっとしたら、名人芸を身につける唯一の方法かもしれません。

飽きるほど同じ作業を積み重ねることにより、初めて実感として進歩を感じることができます。それだけではなく、いままで気づかなかった、その目立たない作業の中の面白さ、難しさを発見すれば、さらにその作業にのめりこめるようになるのです。たしかに、企業の仕事は、私のようにただキーボードで文字を打つということだけではありません。さまざまな雑用や会議が存在します。大切なのは、その時々で「あなたの仕事にとって、もっとも重要な作業は何か」を考える時間をしっかり確保し、その作業を積み重ねていくことに意識を注ぐことです。もちろん、やらなければならない雑用を、できるだけコンパクトな時間で処理する工夫もしてほしいのです。

イチローさんが偉大なメジャーリーガーとして評価されたのは、「ヒットを1本ずつ積み重ねる」という単純な作業をやりがいにして、人生のすべてをそのことに捧げ

てきたからです。

イチローさんの「作業」を、仕事に応用したらどうなるでしょうか。もしも、あなたがセールス部門に所属するなら、「自分の手がけている商品を1つでもたくさん顧客に届けること」であり、総務部門なら、「会議で使用する魅力的な資料作成を1つずつ積み上げること」です。

同じ作業を淡々と積み重ねて、イチローさんがメジャー通算3000本安打を成し遂げる偉大な選手になったのと同じように、「5000台の自動車を売り上げた一流のセールスマン」「1万通りの資料を作成したすごい総務担当者」という肩書をもつプロフェッショナルの仲間入りをする。小さな習慣を積み重ねるというのは、そういうことなのです。

日々の行動を記録すると「続かない自分」に革命が起きる

小さな習慣を積み重ねるために、実現してきた行動を形に残すのはとても大切なこと。私は次章から紹介するさまざまなチェックシートを開発して、アスリートのみならず、多くのビジネスパーソンに活用してもらっています。日々の小さな習慣をこれらのチェックシートを活用して形に残すことにより、いくつかの効果が生まれます。それを以下に簡単にまとめます。

❶小さな習慣をチェックシートに記入することにより、行なった手応えを確認することができる

たとえ10回の腹筋運動でも、実行したということをチェックシートに記入するだけ

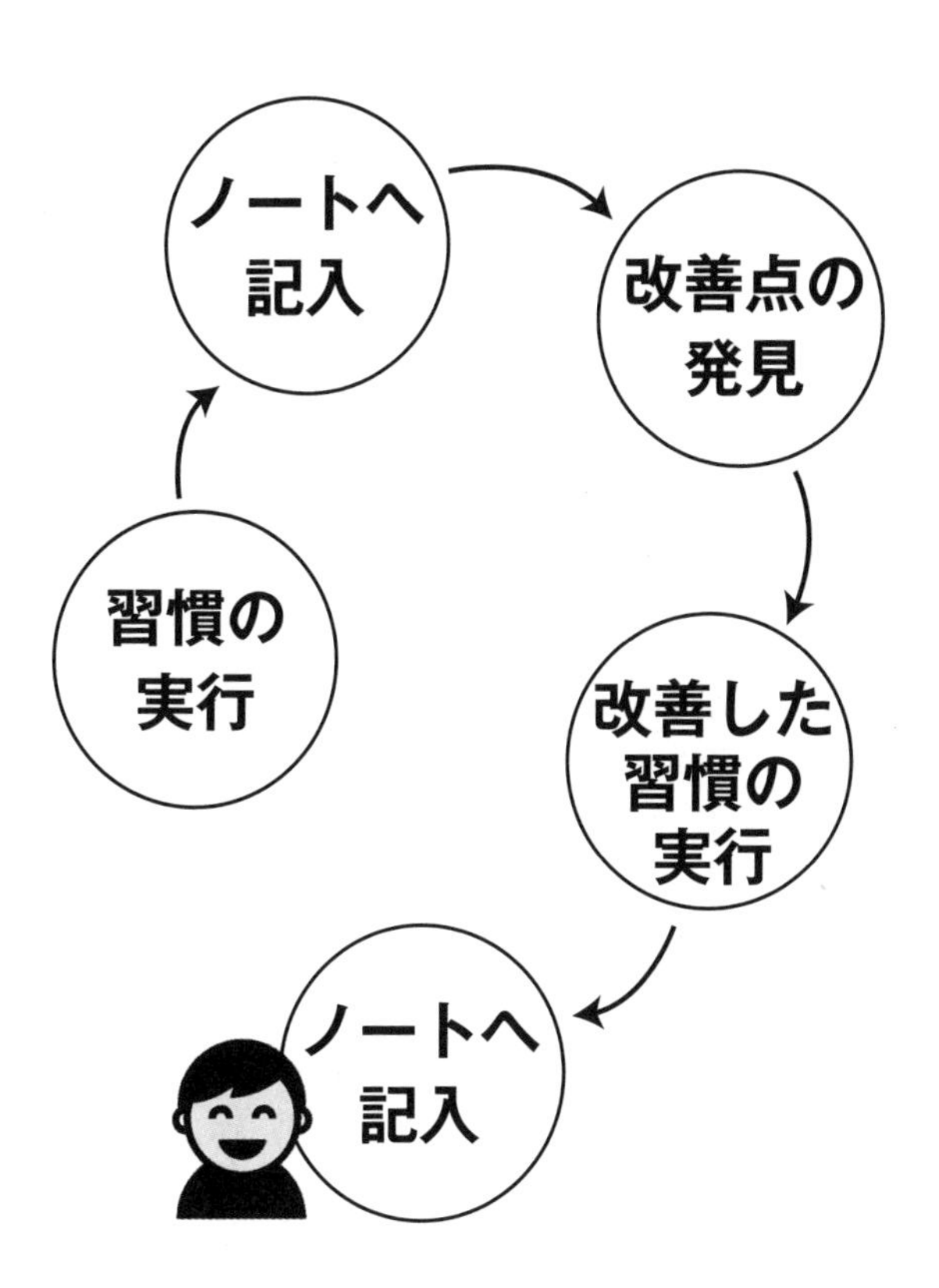

習慣を実行した記録をつけ、常に改善点を求めることにより、
「現状維持」から脱却できる

で、その習慣を持続しようと思う気持ちが強くなります。やった行動をみずからの手でチェックシートに記入することで習慣を持続させるエネルギーは高まるのです。

❷小さな習慣をチェックシートに記入することにより、過去を振り返ることができる

習慣を記入しなかったら、そこでその行動は消え去る運命にあります。3か月前は毎日10回腹筋をすることが精いっぱいだったのに、いまは平気で50回腹筋をしている自分と比較することにより、自己肯定感を高めることができるのです。

❸小さな習慣をチェックシートに記入することにより、習慣を改善することができる

ただ漫然と小さな習慣を実行するだけでは、進歩は期待できません。その日の夜、就寝前の10分間をかけてチェックシートに記入することにより、翌日に行なう習慣を改善するヒントも、あなたの頭の中に浮かび上がってきます。

小さな習慣も、ただ行なっているだけではダメなのです。それは歯磨きと同じで、現状維持の行動に終始するハメに陥ります。当然、怠惰がはびこり、習慣をやめる事態になりかねません。チェックシートに記入することにより、行動→内省→改善→改善のための行動→新たな内省……のループを回して進化していけるのです。

ここで大事なのは、単純に「行なったこと」を記入するのではなく、「できたこと」を記入することです。「行なったこと」というのは、「朝食を食べた」「歯磨きをした」といった日常生活の中にかならず組みこんであるものです。

小さな習慣とは、しなくても日常生活に支障をきたさないもので、「これまでやらなかったことで習慣化させたいもの」の総称を言います。

たとえば、あなたが1か月かけて5キロ減量したいときに、「最寄りの駅までバスに乗っていたのを、20分かけてウォーキングした」とか、「オフィスのエレベーターに乗るのをやめて階段を使った」といった行動が「できたこと」です。

最後に、その日を振り返って、明日への意欲や気づいたこと、改善点などを記入します。本書では数多くの「小さな習慣を定着させるためのチェックシート」を紹介しています。これらのチェックシートを活用することにより、あなたの自己肯定感が増進するだけでなく、日々の行動の改善にも貢献してくれるのです。

Chapter 2

脳を味方にすれば「習慣」は定着する

脳を手なずければ、面白いように行動できる

習慣が定着する時間は「3週間」であると、これまで言われてきました。いまから1世紀前に生きたマックスウェル・マルツ博士が提唱したものだとされています。しかし、最近の実験によれば、それほど単純ではないことがわかっています。

2009年の『ヨーロピアン・ジャーナル・オブ・ソーシャル・サイコロジー』誌に掲載された実験によると、行動が定着するまでの平均日数は66日であることが判明しています。しかも、それぞれの行動により大きなバラツキがあることもわかりました。その値は18日から254日まで分散していたのです。

つまり、習慣を定着させるために必要な時間は、簡単にできる行動なら短期間に、

その行動が難しくなればなるほど長期間になるのです。

たとえば、コップ1杯の水を飲む習慣を身につけることはすぐにできますが、これが毎日1時間ウォーキングするとなると、習慣化させるのは困難です。だからこそ、小さな習慣を積み重ねることがその習慣を根づかせるコツなのです。

イチローさんは、自分のプレーに貢献してくれる多数の小さな習慣を日常生活の中に定着させています。

もっと言えば、「試合」という本番は、彼にとってはそれほど大切なことではなく、「試合に備えるための小さな習慣がすべてである」という独特の考えを貫いています。そうすれば、放っておいても肝心の試合でヒットを量産できるわけです。

習慣化させることを阻む大きな要因は「したくない」という気持ちです。どんな習慣もそれが定着するまでは、「行動の自動化」と「したくないという欲求」とが綱引きをしています。たとえば、あなたが「朝早く起きて30分間ウォーキングする」という新しい習慣を行なうことを決意したとしましょう。

ここで言う「行動」とはもちろん、「ウォーキングを実行すること」です。そして、「したくないという欲求」は「ウォーキングせずにこのまま寝ていたい」という欲求です。

最初は、圧倒的に「寝ていたいという、したくない欲求」が強かったのが、ウォーキングという行動を繰り返すうちに「行動の自動化」が強化され、そのいっぽうで「したくない欲求」は弱体化していきます。こうしてしだいに行動が根づくのです。

ここで少し、脳科学的なお話をしましょう。「行動の自動化」を担っているのは大脳基底核です。いっぽう、「したくないという欲求」によって行動をやめさせるのが前頭連合野です。大脳基低核は与えられたプログラムを忠実に実行しますが、前頭連合野は知的である半面、ズルいのです。まさに、狡猾という言葉がピッタリです。

人間が安易な道を優先させがちになるのは、そのせいです。前頭連合野がしゃしゃり出ることこそ、習慣化を阻む大きな敵となるのです。赤ちゃんの習慣が根づくのは、幸運にもまだこの時期には前頭連合野が発達していないことが大きく影響しています。

つまり、最初は圧倒的に前頭連合野のほうが大脳基底核よりも優位だったのが、行動を持続させるうちに大脳基底核のほうがしだいに優位になり、最終的にウォーキングという習慣は根づくのです。前頭連合野は、大脳基底核に記憶されている自動化された数多くの行動に優先順位をつけて実際に行動させ、それらの行動を選別します。つまり、私たちの意思は、前頭連合野がすべてコントロールしているのです。

ですから、好ましい習慣を持続させたいのなら、大脳基底核に存在する優先順位を上げることです。そして、それを実現するためには、単純にその行動を実際に繰り返せばいいのです。そうすれば、やがてその神経回路が強化されて、前頭連合野の介入を許さずに「自動モード」がきっちりと働くようになって習慣が根づくのです。

「ご褒美」と「繰り返し」の絶大な効果とは

私は、「習慣とは、その場で決断することもなく、意思の力を借りることもなく、自動的に行なう行動」と定義しています。

習慣には、行動を始める際に「決定する」という意識が存在しないのです。つまり、思考を介在させずにとる無意識の行動を指します。

前項でもお話ししたとおり、習慣化には、人間の進化に大きく貢献し、人間らしさの象徴でもある前頭連合野よりも、本能的な行動をつかさどる大脳基底核のほうが大きく関与しています。

1990年代初頭、米マサチューセッツ工科大学の研究者たちが「習慣には大脳基底核が大きく関与している」という推測のもと、ラットによる実験を行ないました。その内容は、迷路をつくり、ゴールまでたどり着いたラットに報酬としてチョコレートを与えるというものです。

ラットたちはT字路に突き当たったとき、最初こそ出口とは反対方向へと動いたのですが、最終的に、ほとんどすべてのラットが出口へとたどり着き、チョコレートを獲得しました。この実験により、匂いを嗅いだり、壁をひっかいたりするたびに、ラットの大脳基底核が猛烈に活動していることを研究者たちは突きとめました。

彼らは引き続き、同じラットを使って何百回と実験を繰り返しました。すると、1つの変化が現れました。

ラットはしだいに匂いを嗅ぐのをやめ、壁をひっかくことも少なくなり、丁字路で方向を間違える回数も減っていきました。それと同時に、大脳基底核の活動も減っていったのです。そして、ついにラットは、ただチョコレートにありつける最短距離を記憶した脳の部位だけを働かせて行動できるようになりました。

さらに興味深いのは、最終的にはこの記憶をつかさどる脳の部位の活動も減っていったという事実です。この実験で判明した事実は、以下の通りです。

・チョコレートを獲得する最短のルートを探り当てるには、大脳基底核が頼りである

・いったん最短のルートを記憶すると大脳基底核の活動は鎮静化し、記憶をつかさどる部位が活性化する

・そのルートを繰り返し体験すれば、記憶をつかさどる部位も鎮静化して自動的に行動できる

つまり、ラットが脳に頼ることなく自動的にチョコレートにありつける最短のルートを繰り返しの行動によって定着させたとき――これこそが「習慣化」が定着した瞬間なのです。何事もご褒美を設定しながら反復作業を取り続けさえすれば、私たちはかならず「習慣」というものを手に入れることができるのです。

デキる人は、なぜ「嫌いな作業を先にやる」のか？

脳科学に造詣の深い大木幸介博士は、53ページの図表のモデルで、私たちの行動のメカニズムを説明しています。やる気は感情的かつ気持ちに左右されます。いわゆる、言語化するのが難しいムードにより引き起こされます。

やる気のレベルを決定するのは、側坐核（やる気の脳）と扁桃核（好き嫌いの脳）です。このことについて簡単に解説しておきましょう。

誰でも好きなことは長時間持続することができます。いっぽう、嫌いなことは後回しになります。この作用には扁桃核が大きく関与しています。

扁桃とは「アーモンド」を意味し、この器官は1センチメートルほどのアーモンドの形状をしていたために扁桃核と名づけられました。もともとこの器官は怒りや恐怖と深い関係があり、実際にこの器官を破壊されたサルは、それまで怖がっていたヘビをつかんでかじることができるようになるといいます。

側坐核は「やる気の脳」と呼ばれ、私たちのやる気をコントロールしています。私たちの行動を最終的に決定する前頭連合野のすぐ近くにあり、側坐核と前頭連合野は常に互いに交信しています。

食べる、寝るといった本能的な行動以外の人間特有の行動は、この前頭連合野によって決定されます。つまり、仕事、勉強、遊び、スポーツ、恋愛、冒険といった行動の選択は、さまざまな選択肢の中から、最終的に1つの行動を前頭連合野が決定しているのです。

側坐核は、「欲の脳」である視床下部、「生命の脳」である脳幹、「記憶・学習・言語の脳」である側頭葉、「記憶の脳」である海馬との交信により、やる気の対象を選択してその情報を前頭連合野に届けます。当然「好き嫌いの脳」である扁桃核との情報交換により、その情報を前頭連合野に送信していることは言うまでもありません。「意思・創造の脳」である前頭連合野が何かに関心をもったら、その情報はまず側坐核に伝わります。そして、側坐核が脳内のさまざまな器官に指令を出して、前頭連合野の指令通りに動かすのです。

達成感は成功体験の快感として、扁桃核・海馬系の記憶に強く刻みこまれます。それが次の行動の導火線となります。これは仕事や勉強にも通じます。

仕事のできるビジネスパーソンや学校の成績が良い子どもの共通点は「嫌な作業でも、それをやり遂げることにより達成感を獲得して、それが新たなチャレンジを生み出す」ということです。達成感や爽快感を味わうことに意欲を注ぎましょう。そうすれば、目の前の作業をやり遂げる習慣が身につくのです。

◎ 側坐核を中心とした脳の配線模型図 ◎

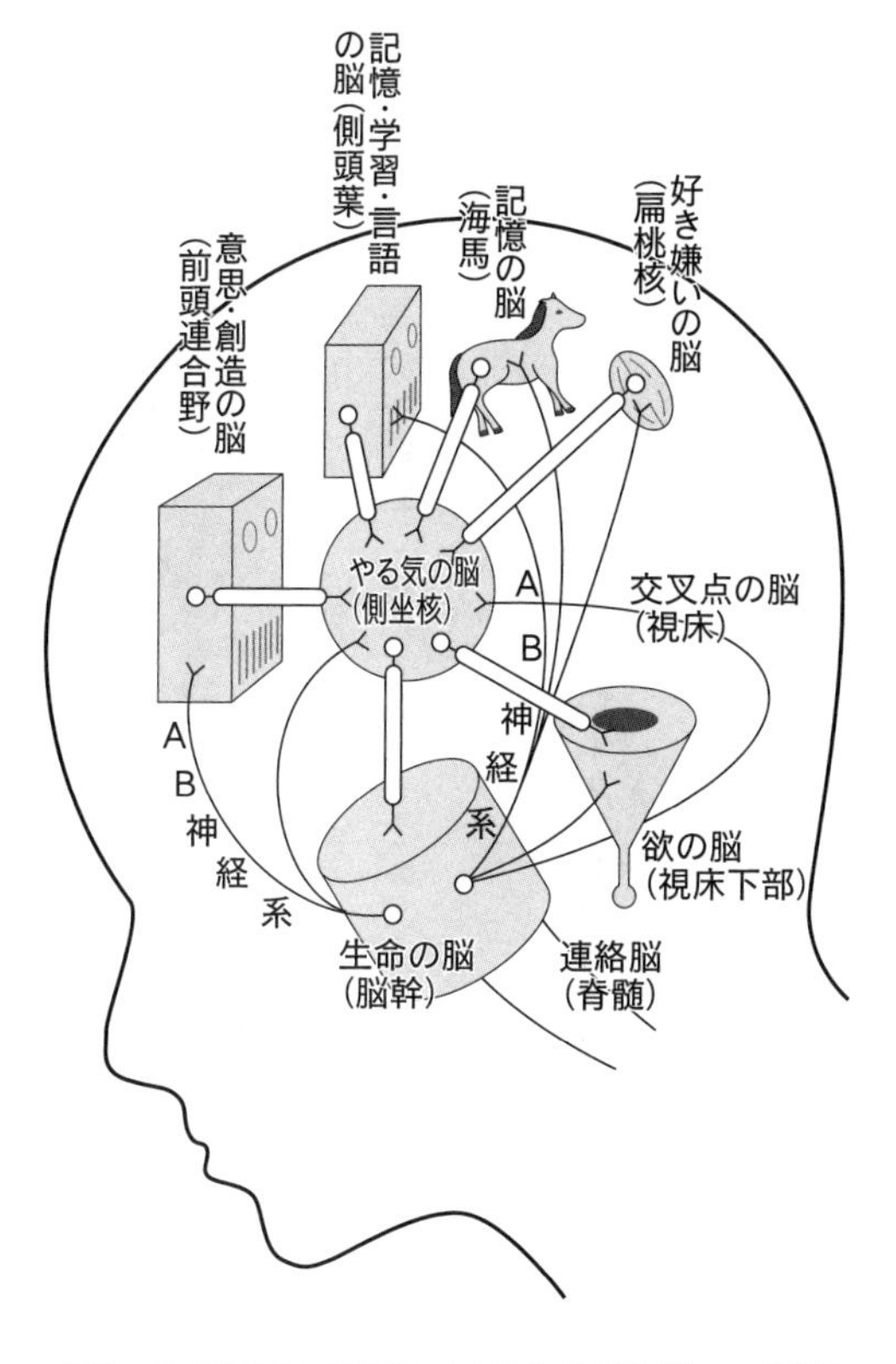

出典：『やる気を生む脳科学』大木幸介（講談社刊）、一部改変

「欲」というエネルギーが、習慣を定着させる

「欲の脳」を刺激するのも、小さな習慣を定着させることに貢献してくれます。私たちが抱く欲は、陸上競技の三段跳びにたとえることができます。私は「欲の三段階」と呼んでいます。

最初の「ホップ」は、視床下部がコントロールしている「生理的な欲」です。

欲の脳は視床下部がつかさどっています。典型例は食欲と性欲です。食物を安定的に確保し、子孫を残すという個体維持の欲は、視床下部が行なう大切な機能です。

そして2番目の「ステップ」は、人間精神の根柢となる大脳辺縁系の扁桃核がコン

◎「欲の三段階」の模式図◎

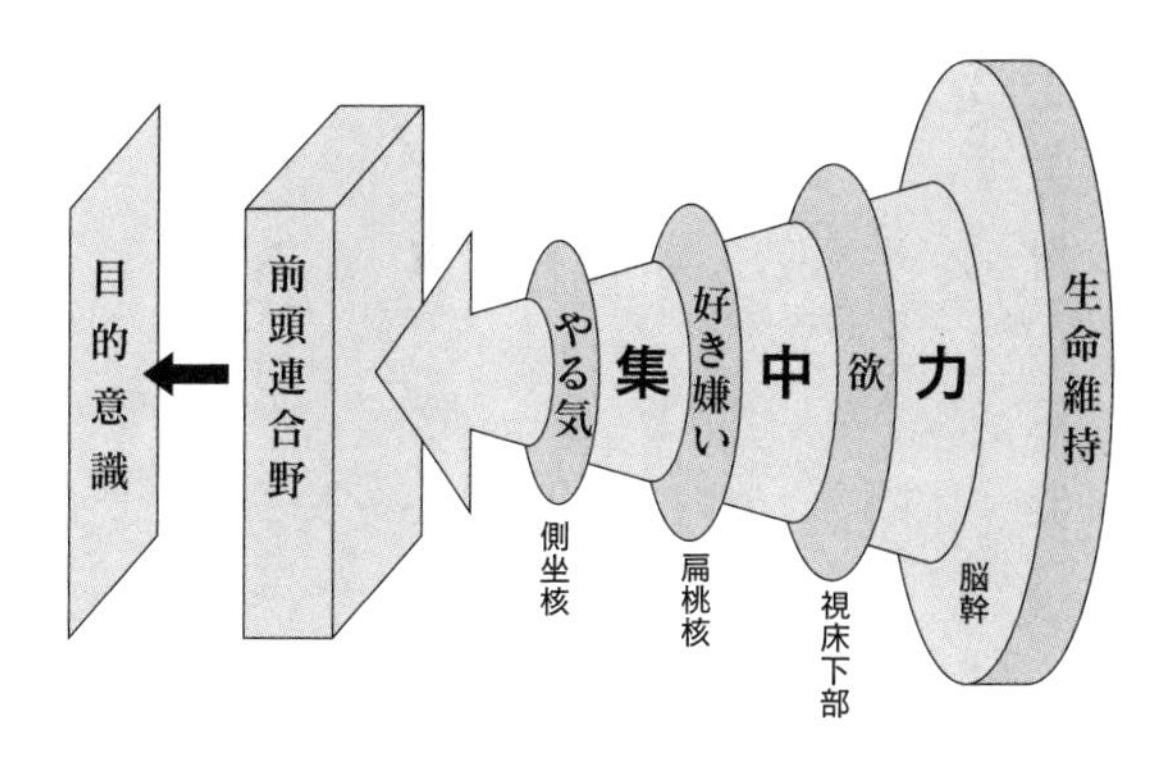

出典：『やる気を生む脳科学』大木幸介（講談社刊）、一部改変

トロールしている、好き嫌いや喜怒哀楽といった「感情をともなった欲」です。

その典型例は資産を蓄積したり、豊かな生活水準を求めたりする物欲です。より良い生活を求めるからこそ、私たちは頑張ることができるのです。

最後の「ジャンプ」は、やる気をつかさどる側坐核がコントロールする「夢を実現させたいという欲」です。

「自分の限界に挑戦したい」とか、「最高の自分にめぐり逢いたい」という、ひと握りのアスリートや経営者が保有する、究極かつ特異な欲と言えるものです。

「生き続ける」とか「個体を残す」といった欲が原始的な欲なら、「プロスポーツの世界でチャンピオンになりたい」とか、「世界一の経営者になりたい」といった欲は、贅沢な欲であると言えるでしょう。しかし、欲こそがあなたの小さな習慣のエネルギー源になるのです。あなたが目指す最大の欲はホップなのか、ステップなのか、それともジャンプなのか。そのことについて一度、真剣に考えてみましょう。

理屈抜きに動きだせば、「快感」へと変わる

小さな習慣を身につけるためのいくつかのノウハウをご紹介しましょう。最初は時間的要素。とにかく、いますぐ始めること。この当たり前のことが、なかなかできないのです。17世紀に生きた著述家バルタザール・クラシアンはこう語っています。

「賢人がすぐやることを、愚か者はいつまでも先延ばしにする」

私たちは、どうせやらなければならない作業も、面白くなかったり、面倒だったり、複雑だったりすると、簡単に先延ばしにする癖があります。小さな習慣を身につけたかったら、とにかく理屈抜きに行動を開始するための工夫をすることです。

著名な啓蒙家ジム・ローンは、「モチベーションがあなたを動かし始めるが、習慣

があなたを前進させ続ける」と言いました。このことに関して、私の経験をお話ししましょう。前章でも少し触れましたが、私は過去20年以上にわたり、執筆する作業を続けてきました。もちろん、刊行した本のほぼすべては、自分の手でパソコンのキーボードを叩き続けたことによってできあがった本です。

しかし、典型的な理科系人間、右脳型人間であり、国語が大の苦手だった私にとって、最初はパソコンとたった10分間にらめっこすることさえ苦痛なものでした。

それが、執筆作業を毎日持続させるうちに、作業が快感になっていったのです。結果、作業時間は着実に2時間、3時間と延びていき、現在では安定して1日5時間キーボードを打ち続けることが当たり前になっています。

あなたは慣性の法則を知っていますか？　飛行機は離陸するときに、多大な燃料を消費します。そして、高度1万メートルまで上昇して水平飛行に入ると、それほど燃料を消費することなく安定して飛行できます。

習慣もまったく同じこと。新しい作業を始めるとき、行動の源となる「感情の燃料」が必要です。

習慣力チェックシート

（毎週1回、同じ曜日にチェックしよう）20　年　月　週

習慣にしたいこと	1行コメント	実行度
①		%
②		%
③		%
④		%
⑤		%

やめたいこと	1行コメント	実行度
❶		%
❷		%
❸		%
❹		%
❺		%

反省欄

注１：習慣にしたいことについて、自分が感じていることを1行で記入。
注２：やめたいことについて、やめられない理由を1行で記入。
注３：実行度の欄には「習慣にしたいこと」はやった%を、「やめたいこと」はやめた%を記入。

それが定着すると、脳内に形成された「習慣回路」が働き、自動運転モードにしてくれます。そこには、最初あんなに必要だった「意思」や「努力」という感覚の燃料は、きれいさっぱり不要になります。問題は、その習慣が好ましいか好ましくないかにかかわらず、定着してしまうということです。「運動の習慣」も「喫煙の習慣」も、毎日行なうことにより、快感回路を形成して、その行動を習慣化させるのです。

59ページに「習慣力チェックシート」を示しました。「習慣にしたいこと」と「1行コメント」、そして「やめたいこと」と「1行コメント」がそれぞれセットになっています。毎週1回、日曜日の夜にベッドに入る前の5～7分間を活用して、まず、前週に作成したシートに記されたそれぞれの習慣に対して実行度をパーセントで記入しましょう。次に、その週の感想を3行日誌として記しましょう。

最後に新たなシートに翌週の「習慣にしたいこと」と「やめたいこと」を記入し、それぞれの習慣に対して1行コメントを記入します。この「習慣力チェックシート」が、習慣にしたいことを身につけさせてくれるだけでなく、あなたがやめたいと思っている悪習慣まで退治してくれるのです。

はっきり言って無意味——「やる気が湧くのを待つ」

「馴化」とは、異なる環境に移された生物が、しだいにその環境に適応した性質になることを言います。

人間にも馴化はあります。たとえば、年に1回、桜や紅葉の名所に行って満開の桜や紅葉を見ると、あなたは「綺麗だな」とその光景に感動します。しかし、その感動は、年に1回しか見ることができないからこそ起きるのです。もしも、あなたが年がら年中、満開となった桜や紅葉を見ることができたならば、それほど感動しないはずです。なぜなら、脳が馴化という機能を働かせるために、感動が薄れていくからです。

この馴化は、面白くない作業にも適用できます。たとえば、歯磨きという作業は、それ自体を取り上げたら面倒くさい作業です。しかし、毎朝の歯磨きを習慣化すれば、やはり脳が馴化によって、いつのまにか面倒くさくなくなるようにお膳立てしてくれるのです。

「やる気が湧いてきたら行動を起こす」という考え方がそもそも間違っているのです。

あのイチローさんが長期間にわたって、日々バットを振る作業を持続できたのも、馴化という機能のおかげです。ともかく行動を起こして身体を動かしてみる。そうすれば、やる気が起こります。つまり、やる気は身体の反射によって起こるのです。「作業興奮」という脳のメカニズムが存在します。これは、身体を動かせば、脳の側坐核が活性化し、いつのまにか熱中している自分に気づく、ということです。

人間は進化しすぎたために、行動を起こす前に思考する習慣がついてしまっています。これが、行動力を抑制しています。たとえば、掃除機で掃除をしたくなったら、すぐに掃除機を手にとり、スイッチをオンにしましょう。

気が乗るか、乗らないかで動き出すことを決めていた「思考優先型」から脱却して、四の五の言わずに行動を起こす「行動優先型」に移行しましょう。

このことに関して、脳科学者の池谷裕二さんはこう語っています。

「『やりたくなーい』『行きたくなーい』と考えている時間はもったいないです。とにかく、『やる気』はいくら待っても出てこない。こちらから迎えに行って、スイッチを入れる。これが『続ける』ことのヒントになりそうです」（『のうだま1やる気の秘密』幻冬舎文庫刊より）

マンネリ化を防止するには、環境を変えてみることも大切です。ルーティンワークならともかく、とくに創造性を働かせる仕事をしている人は、思い切って環境を変えるだけで新しい発想やアイデアが生まれてきます。

もちろん、馴化には欠点もあります。それは「馴化に頼りすぎると、創造性が封じこめられる」ということです。習慣化は、同じ場所で同じ作業をやり続けることによって成し遂げられると説明しましたが、残念ながら、それでは創造性は働きません。

私は新しい本の企画やメンタルトレーニングに関する新しいテーマを発想するときには、自宅ではなく、思い切って場所を変えます。お気に入りとしてリストアップしている自宅周辺にある4〜5軒のコーヒーショップの中から1軒を選択し、そこに移動して作業を行なうのです。

すると、脳の馴化が一掃されて、斬新なアイデアが次々に浮かんできます。結論として、馴化の特長を理解し、うまく活用することが肝要なのです。

爽快感、達成感が習慣を定着させる力になる

達成感は小さな習慣のご褒美です。頭の中で考えているだけでは何も前に進みません。身体を動かして実際に行動するからこそ、達成感を味わえるのです。それだけではありません。達成感は、何か具体的な行動が完了したときに脳内に湧き上がる快感や気持ちよい感情です。たとえば、腕立て伏せを30回完了したときにも湧き上がります。この快感があるから、私たちは行動を持続できるのです。

2002年に、米ニューメキシコ州立大学の研究チームは「人がなぜ運動を習慣化

させるのか」について研究しました。研究対象となったのは、266人。大半が少なくとも週に3回は運動をしていました。彼らがジョギングやウエイトトレーニングを始めたきっかけは、単なる思いつきや自由時間を埋めるためだったといいます。

しかし、運動が習慣化したのは、特定の報酬を求めるようになったからでした。その報酬とは、爽快感でした。

92パーセントの人たちが「運動を終えた爽快感が運動を習慣化させた大きな要因である」と答えました。運動することにより分泌されるエンドルフィンが快感を呼び起こし、その快感をふたたび味わいたいという衝動に駆られたのです。

また、67パーセントの人たちが、運動によって達成感が得られると告白しました。つまり、行動のきっかけが何であれ、1つの行動を起こしてそれを完了することにより、私たちが達成感という快感を獲得すること。そして、それが新たな行動を起こさせ、一定期間そのサイクルを回すことにより、私たちは安定してその行動を意思力に頼らずに起こせるというわけです。

達成感と深い関係にある忍耐力を与えてくれる神経ホルモンがあります。身体的・精神的ストレスを受けると、それに抵抗するために脳内だけでなく体内にプロオピオメラノコルチン（以下ＰＯＭＣと略）と呼ばれるタンパク質が生成されます。

１９８２年に発表された論文で、ストレスを受けると、このＰＯＭＣが分解して最強の脳内麻薬の１つであるβ‐エンドルフィンを分泌してストレスを除去し、結果的に忍耐力が生まれるという分子モデルが記されています。このＰＯＭＣは「忍耐力のタンパク質」と呼ばれています。

たとえば、日々猛練習を積み重ねたマラソン選手は、スタートから35〜40キロ地点を走るという、レース中もっとも苦しい段階でも、β‐エンドルフィンが分泌されることによって、苦しさを克服できるのです。

小さな習慣から始めるのは大切で、そのとき自分が厳しいと感じる習慣を課すことにより、その積み重ねがＰＯＭＣを分泌させ、忍耐力が身につきます。結局、達成感を獲得するには、小さな、ただしちょっと厳しい習慣を行なうことが肝要なのです。

Chapter 3

続かない人に効く「実行力」アップの方法

「ほんの小さな意思力」だけで、大きな成果が手に入る

小さな習慣を持続するには、最初に意思力が求められます。スタンフォード大学心理学教室のケリー・マクゴニガル博士は、こう語っています。

よくある悩みに『甘いお菓子をやめたい』がありますよね。意思力について本を書いてから、多く寄せられる悩みの一つが『菓子がやめられない』でした。こういうときに一番多い間違いは『明日からやめる』です。（中略）どうすればいいかと言いますと、『10分間だけ我慢してみる。10分待ってもまだ食べたいなら食べてしまう』と自分を許してあげることです」（雑誌『プレジデント』2017・12・4号）

小さな習慣だけでなく、小さな意思力を発揮することが、小さな習慣を根づかせる

切り札です。けっして完璧主義に陥ってはいけません。トレーニングを始めたかったら、その日行なうトレーニングに「時間」という数字を入れましょう。ただし、それも「今日は1時間筋力トレーニングを行なう！」という大それた意思力ではなく、「5回腕立て伏せを行なう」という「小さな意思力」から始めましょう。

小さな意思力を発揮して小さな習慣を小刻みに行なうことにより、その習慣が定着するだけでなく、それが積み重なれば、驚くほど大きな成果を挙げることができます。

意思力を強化したかったら単純に呼吸を遅くすればよいのです。心理学の実験では、1分間に何回呼吸するかによって意思力が変化することが判明しています。

マクゴニガル博士によると、呼吸数を1分間に12回以下になれば心拍数が下がり始め、1分間に6〜8回に落とすことにより、意思力は確実に高まるのです。

また、呼吸をゆったりとしたリズムで行なうことにより、ストレス耐性も高くなることが心理学の実験で証明されています。言い換えれば、1分間に15回以上の浅い呼吸では、意思力は減退して何事も簡単に挫折するということなのです。

驚くほど行動力が身につく「フォッグ理論」を理解する

それでは新しい習慣を定着させるには、具体的にどのようにすればいいでしょう。これは当たり前のことなのですが、行動の実行が簡単であればあるほど、習慣化する可能性が高まります。

行動デザインの研究の世界的権威であるBJ・フォッグ博士が作成した行動モデルを73ページの図表1に示します。行動曲線の上側が、行動可能な領域であり、行動曲線の下側が、行動が困難な領域です。そして、横軸は「能力」であり、縦軸は「モチベーション」です。

フォッグ博士は小さな習慣の重要性について、こう語っています。

「小さな行動はすぐに生活に取り入れることができ、やがて自然と大きく成長してい

く。小さいことから始めれば、時間的な負担を気にせず、大きな変化への第一歩を踏み出すことができるのだ」（『習慣超大全――スタンフォード行動デザイン研究所の自分を変える方法』）

73ページの図表1の右側に行けば行くほど行動は実行しやすくなり、上に移行すればするほどモチベーションが高くなければ実行できなくなります。腕立て伏せを例にとって考えてみましょう。図表1のように、行動は繰り返すほど実行しやすくなるのです。

たとえば、壁腕立て伏せ2回から始めると、簡単に習慣は身につきます。（73ページ図表2）一方、最初から腕立て伏せ20回から始めると、この行動は実行しにくいために習慣として定着する可能性は低くなるのです。

もちろん、その行動が「好きで得意」なら、行動曲線が下のほうに移行することは言うまでもありません。まず実行しやすい「小さな習慣」から始めれば、最初それほど好きでなかった行動も意外と簡単に習慣化できるのです。

23年シーズンにア・リーグのホームラン王に輝いた大谷翔平選手は、こう語っています。

「僕は今でも野球が好きですし、練習するのが好きです。その日の練習で小さい目標を立て——たとえばピッチングで何マイル以上出すとか——それを毎日更新していくことで試合のパフォーマンスも上がっていくと思っています」（www.salesforce.com）

私たちは大谷選手が突然すごい才能を獲得したような錯覚を持ちます。しかし、事実はそうではありません。彼は小さい頃から日々小さな目標をコツコツとクリアしていくことで、すごい才能を手に入れたのです。近道はありません。

多分バットを振る作業やキャッチャーのグラブにボールを投げ込む作業は、その作業だけを捉えたら面白くもなんともない作業です。それを「好き」と「得意な」作業に変えてくれたのは、紛れもなく習慣化の持つすごいパワーを活用したからなのです。

つまり小さなことを黙々と積み重ねることこそ、ひょっとしたら私たちの夢を実現する最強の要素なのです。

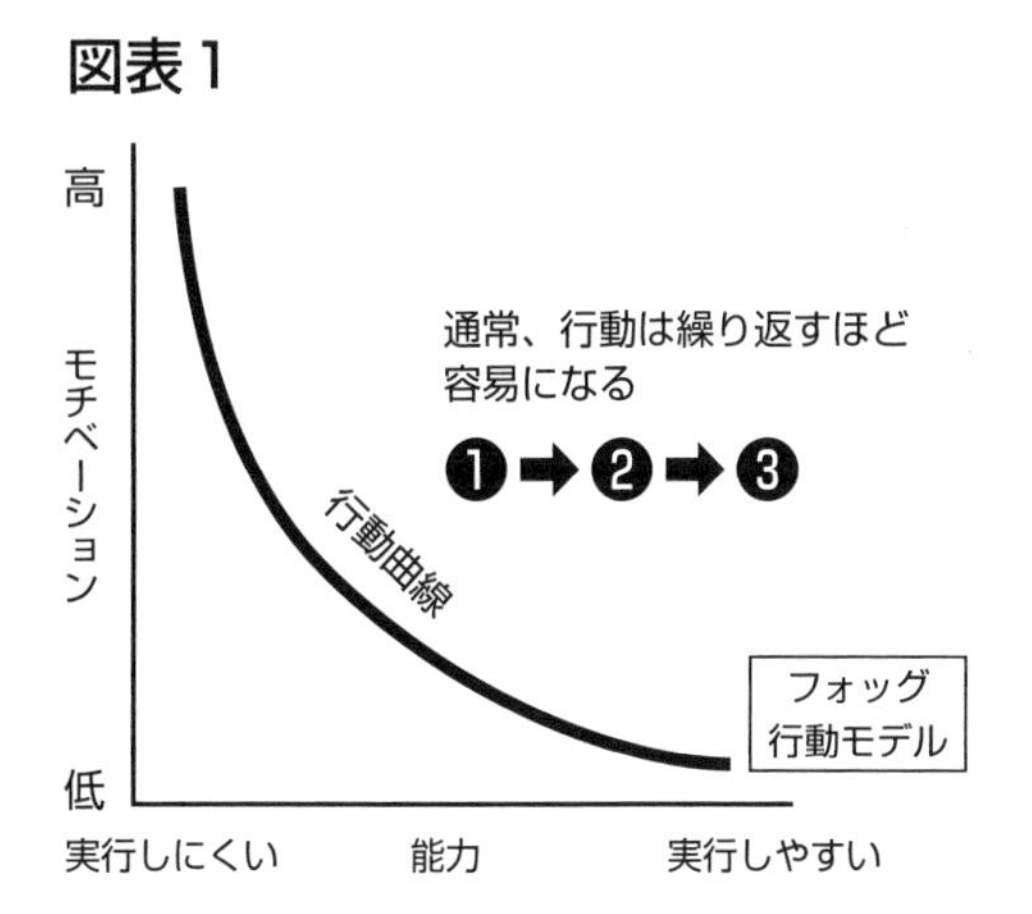
図表1
高
モチベーション
低
実行しにくい
能力
実行しやすい
行動曲線
通常、行動は繰り返すほど
容易になる
❶→❷→❸
フォッグ
行動モデル

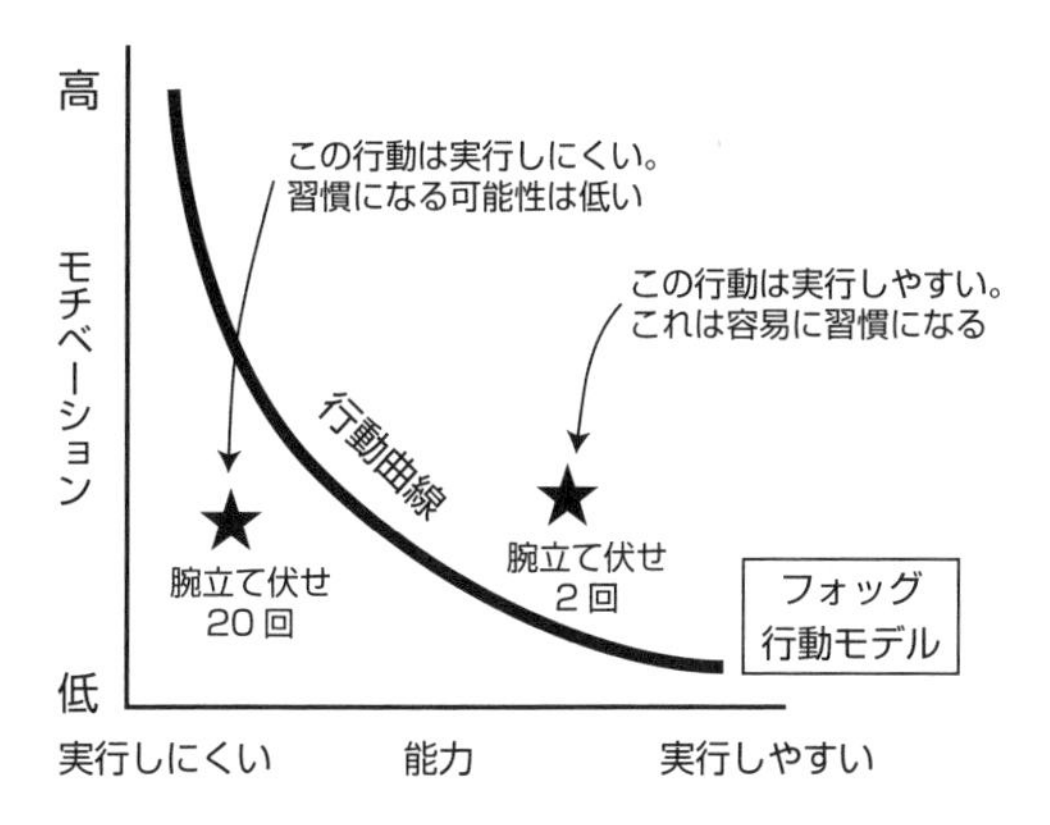
図表2
高
モチベーション
低
実行しにくい
能力
実行しやすい
この行動は実行しにくい。
習慣になる可能性は低い
この行動は実行しやすい。
これは容易に習慣になる
行動曲線
腕立て伏せ
20回
腕立て伏せ
2回
フォッグ
行動モデル

意思力を引き寄せる、ちょっとしたテクニック

姿勢は意思力に影響を及ぼすのです。自己管理研究の権威であるロイ・バウマイスター博士は、学生を2つのグループに分けてある実験を行ないました。グループAは、2週間かけて姿勢を正す訓練をしました。グループBは、とくに何もしませんでした。2週間後、グループAの学生たちの自制心は明らかに改善され、意思力が向上しました。もちろん、グループBには何の変化もなかったのです。

このように、ふだんから一見、意思力とは無関係に思われるような要素を日常生活の中に取り入れることにより、意思力は増進できるのです。

あるいは、意思力も習慣同様、小さな意思力をまず発揮する工夫をしましょう。

たとえば、「この作業ができるまで頑張ろう！」ではなく、「あと10分間頑張ろう！」というメッセージがあなたの心の中に小さな意思力を育ててくれます。10分ではなく3分でも1分でも構いません。その積み重ねこそ、意思力のある人間がやっていることなのです。実際に、意思力はストレスがかかっているときに減退することが判明しています。『ジャーナル・オブ・パーソナリティ・アンド・ソーシャル・サイコロジー』誌に紹介された研究報告で、以下の事実が判明しています。

「人はストレスを抱えているとき、疲れすぎて決断できないときに意思力が減退して、いつも行なっている行為をただ繰り返す傾向がある」というのです。

つまり、喫煙や飲酒といった習慣はこの現代社会で引き起こされるストレスを解放しようという動機によって引き起こされている確率が高いのです。たちの悪いことに、ストレスとこれらの習慣は、負のサイクルとなって克服できないほど強固なものとなり、絶ち難いものになる危険性をはらんでいるわけです。

人間の脳は本来、変化を嫌うようにつくられています。それは本人の意思とは別のところでコントロールされている以上、それが好ましいか好ましくないかにかかわらず、身についた習慣をやめることはあなたが思っているほど簡単ではないのです。

「意思力」と「やる気」は同じもの？　違うもの？

「意思力」「やる気」という言葉があります。巷には、やる気や意思力に関する本があふれ返っています。しかし、この2つの言葉はとてもまぎらわしいのです。なかには、「この2つは同意語ではないか？」と考える人もいます。

意思力に関する研究の世界的権威であるスタンフォード大学心理学教室のキャロル・ドゥエック博士が定義する意思力を、私は以下のように解釈しています。

「やればできる」を口癖にして、自分を鼓舞しながら自分の夢を実現するために、辛い作業や面白くない行動を行なえる能力

いっぽう、やる気の定義はどうでしょう？

「興味をもって、積極的に物事に取り組む力」「自分から進んで、物事をやり遂げようとする積極的な気持ち」

と私は定義しています。やる気にはかならず、それを駆りたてる源が存在します。その源を大きく分類すると、内発的なやる気と外発的なやる気に分かれます。ひと言で表現すると、「やりがい」とか「成長を期待するために行なう努力」は、内発的なやる気であり、お金や地位のような「ご褒美」は外発的なやる気です。

趣味の世界に「意思力」は必要ありません。なぜなら、たとえ報酬がなくても自発的に行なえるのが趣味であり、心の底から自然に湧き上がる内発的なやる気に支えられて、より自然に行動を起こせるからです。「好き」という感情が存在すれば、ご褒美なんて要らないのです。作業している瞬間そのものが快感になっているわけです。

もっと言えば、好きでやっている作業にご褒美を設定すれば、その作業そのものが好きでなくなることもあるのです。専門的には「アンダーマイニング現象」と呼ばれるものです。「アンダーマイン」とは、「低減する」という意味です。

スタンフォード大学心理学教室のマーク・レッパー博士は、次のような実験を行ないました。保育園児を被験者とし、グループを3つに分けてお絵かきをさせます。

グループAの園児には「お絵かきをしたら賞状をあげる」と事前に伝え、お絵かきをしたあとに賞状を与えました。グループBの園児には、事前に賞状を与えることを伝えないでお絵かきをさせ、グループAと同様に賞状を与えました。グループCの園児には、何の教示をすることもなく、お絵かきしたあとのご褒美も与えませんでした。

そしてレッパー博士は、園児たちのその後のお絵かきに対する取り組み方を観察しました。すると、グループBとグループCの園児は相変わらず精力的にお絵かきに励んだのに、グループAでは自発的にお絵かきに取り組む園児の数が減少したのです。

楽しいからやっていたはずのお絵かきにご褒美をあげることによって、ご褒美のためにお絵かきをするという意識が心の中に芽生え、自発的なやる気が萎えたのです。

私たちが行なう行動の中で、模型を楽しんだり、テニスに興じたりするときにご褒美は要らないのです。もちろん、「意思力」も必要ありません。

「やる気」は2種類に分けられる

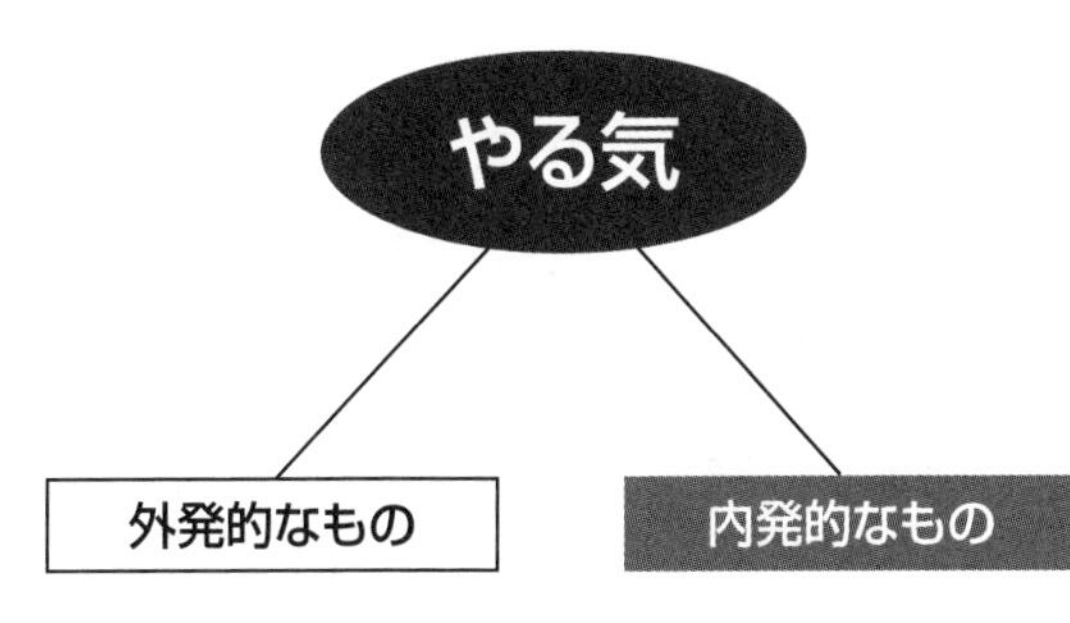

お金や地位などの
「ご褒美」によって
起きる

報酬がなければ
起こらないが、
意思力を強固にする
メリットもある

「好きなことをする」
「楽しいことをする」
ときに起きる

行動や作業そのものが
快感となり、持続する

いっぽう、仕事において意思力はとても重要な要素です。多くの仕事は自発的に行なう内発的なやる気とはほど遠い、報酬がなければとてもやる気にならないような作業で満ちています。そのために外発的なやる気というご褒美が必要になってきます。

多くのアスリートがあれほど厳しい鍛練を積み重ねられるのは、優勝したときに与えられる名誉や富という外発的なやる気も大きく関与しています。もっと言えば、それが私たちの意思力をより強固にしてくれるといっても過言ではありません。

つまり、「意思力」は「やる気」という大きな枠組みの中に存在する、内発的なやる気を喚起することができない作業を行なうために不可欠な要素なのです。

意思力を鍛えるとすごい潜在能力が目を覚ます

意思力は脳の司令塔であり、行動を最終決定する前頭連合野によってコントロールされています。意思力の典型例は「欲しいものを我慢する」ことでしょう。

いまから半世紀以上前、スタンフォード大学の心理学教室で4歳の子どもを対象にした実験が行なわれました。部屋に入れた子どもたちの目の前にマシュマロを1つずつ置いたあと、「目の前のマシュマロをすぐに食べてもいいけれど、15分間、食べるのを我慢したら、マシュマロを2つあげる」というルールを課します。

そして実験者は部屋の外に出て、子どもたちを観察しました。結果はどうだったのでしょうか。15分間、目の前のマシュマロを食べたくなる衝動を抑えた結果、マシュマロを2つ獲得した子どもの比率は30パーセントでした。

そして実験者は、実験に参加した子どもたちを追跡調査しました。高校生になったとき、楽しみをあとにとっておいた30パーセントの子どもたちは、そうでない子どもたちよりも学校の成績が優秀でした。また、友達と長くつき合うことができていただけでなく、ドラッグを使用することも明らかに少なかったのです。実験者は、「目の前のマシュマロを無視できる子どもは、自分をコントロールできるスキルを身につけており、それが大人になってからも有利に働いた」と結論づけました。

意思力は、筋肉と同じように鍛えることによって高めることができると主張する学者もいます。オーストラリアの心理学者ミーガン・オーテン博士とケン・チェン博士は、18歳から50歳の被験者24人に対して、2か月間にわたりウエイトトレーニングや有酸素運動といった運動プログラムを与えました。

この実験により、不思議な現象が現れました。彼らに運動習慣が身についただけでなく、飲酒、喫煙、カフェイン、ジャンクフードを摂取する量も減ったのです。2人の研究者は以下のような結論を出しました。

「無理してでもジムに行ったり、宿題を始めたり、ハンバーガーではなくサラダを食べたりすることは、自分の考え方を変えることでもあるのです」

あるいは、意思力の研究で名高い米ダートマス大学のトッド・ヘザートン博士もこう語っています。

「意思力を鍛えると、自分の衝動をコントロールするのがうまくなります。誘惑から気をそらす方法を学ぶのです。そして、それが決まった行動になると、脳はあなたが目標に向かってまっしぐらに進むのを助けるのがうまくなります」

親が子どもにピアノのレッスンを受けさせ、スポーツに参加させるのは、子どもをピアニストやプロサッカー選手にさせたいというよりも、ある大きな効果を期待してのことでしょう。行動を起こすことにより、意思力という〝筋肉〟が鍛えられ、結果的に宿題を期限までにやり遂げることができるようになるのです。

頭の中で考えていないで実際に身体を動かすことにより、筋肉を増強させるほか、本来の筋力増強と無関係な分野での意思力を増強できる効果も期待できるのです。

「外発的なやる気」を「内発的なやる気」に変換しよう

いくら小さな習慣が大切だからといって、設定した目標を実現するために突き進む行動がなければ、それは「絵に描いたモチ」でしかありません。ちょうどイチローさんがこれまで「安打」という実績を積み重ねてきたように、小さな習慣を積み重ね、結果的に実績を挙げるには、感情に訴えることが必要です。

趣味なら、私たちは放っておいても自然に自発的に行動を起こせます。それは好きという感情が行動を支配しているからです。

趣味と仕事の決定的な違いは報酬の有無です。趣味に報酬は発生しません。好きという感情に金銭報酬や肩書報酬といった外発的なやる気は不要なのです。

いっぽう、仕事の場合はどうでしょう？　金銭報酬があるから、嫌な仕事ができるのも事実です。しかし、金銭報酬だけのために仕事に取り組むのであれば、やる気は高まらないでしょう。なぜなら、報酬を目的にしたなら、報酬と引き換えられるだけの最小限の作業しかしないという後ろ向きの気持ちで取り組んでしまうからです。

そこで、このように考えてみてください。たとえ嫌な仕事であっても、目の前の作業を通して自分のスキルを高めることを目標にすれば、どんな嫌な仕事も自発的に取

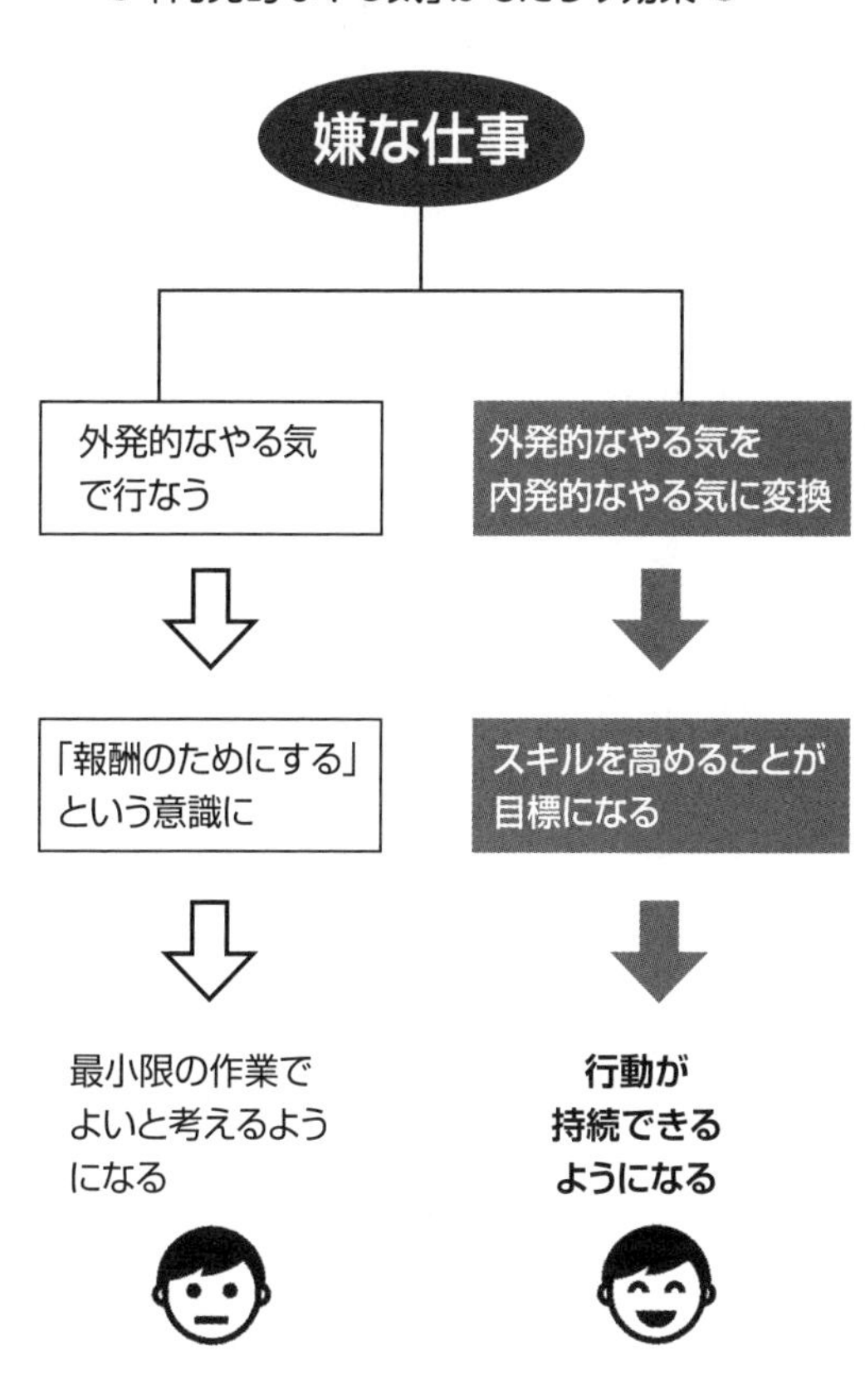
「内発的なやる気」がもたらす効果
嫌な仕事
外発的なやる気で行なう
外発的なやる気を内発的なやる気に変換
「報酬のためにする」という意識に
スキルを高めることが目標になる
最小限の作業でよいと考えるようになる
行動が持続できるようになる

り組めます。小さな習慣を積み重ねる際に、目の前の作業を通して自分のスキルを高めることを目的にしてください。スキルが高まれば、報酬はあとからついてきます。

外発的なやる気から内発的なやる気に変えれば、行動は持続できるようになるし、報酬のためにやっている意識は消えていきます。

リーダーシップ研究の世界的権威ダグラス・マクレガー博士は、こう語っています。

「外付けのモチベーションで勤務態度を変えることはできない」

なぜ、イチローさんはいまだに厳しい鍛練を持続できるのでしょう。「野球が好き」という理由だけでは、とうてい説明がつきません。すでに何もかも手に入れているはずの彼の野球への情熱がいまだに衰えないのは、イチローさんに、まだまだバッティングの技術を高めることができるという手応えがあるからです。

あなたの小さな習慣を支えているのは、外発的なやる気ですか？　それとも内発的なやる気ですか？　永続性と安定性を求めたかったら、作業の中に習慣化させてくれる魅力的な内発的なやる気を探し出しましょう。

やる気を最大化する目標設定のちょっとしたコツ

あなたが欲しいものを手に入れるには、2つの要素が求められます。それは「欲しいものを決めること」と、「手に入れるまで行動を続けること」です。もちろん、ここで言う「欲しいもの」とは、お金で買えるものではありません。たとえば、パソコンを購入したいと思えば、預金口座からお金を引き出してお店に注文すれば、すぐにパソコンがあなたのもとに届くはずです。そこには小さな習慣は必要ありません。

私がここで言う「欲しいもの」とは、「手に入れたいスキル」や「獲得したい資格」といったものです。これらを獲得するには、小さな習慣の積み重ねが求められます。欲しいものを手に入れるまで行動を続ける際に留意すべき2つの要素が存在します。それらは「獲得したい期日」と「獲得するために必要な行動の具体策」です。

1か月後に獲得したいのか、1年後に獲得したいのか。その違いによって行動内容は大きく変わってきます。そして、その期限内に欲しいものを手に入れるには、どのような行動パターンを実行すべきかをリストアップしましょう。

もちろん、欲しいものを手に入れる達成確率も無視できません。確率が10パーセントでも90パーセントでも、モチベーションは上がりません。

達成確率が10パーセントという低い確率なら、努力は徒労に終わる確率が高いので、最初からやめておいたほうがいいわけですし、90パーセントなら努力しなくても簡単に手に入るため、手抜きがはびこります。この目標は明らかに間違っています。

目標達成確率に関して、マクルランド理論は使える理論です（次ページ上の図参照）。ハーバード大学のデビッド・マクルランド博士は輪投げを使って、学生を被験者に実験を行ないました。

そのルールは1つのみ。「的までの距離は自由に設定していい」というものです。そしてマクルランド博士は、学生のしぐさ、目つき、態度などをつぶさに観察し、そのやる気レベルを観察しました。


やる気レベルがもっとも高かったグループは、5回の試技のうち3回、的に入る距

目標設定と「やる気レベル」の関係

マクルランド理論

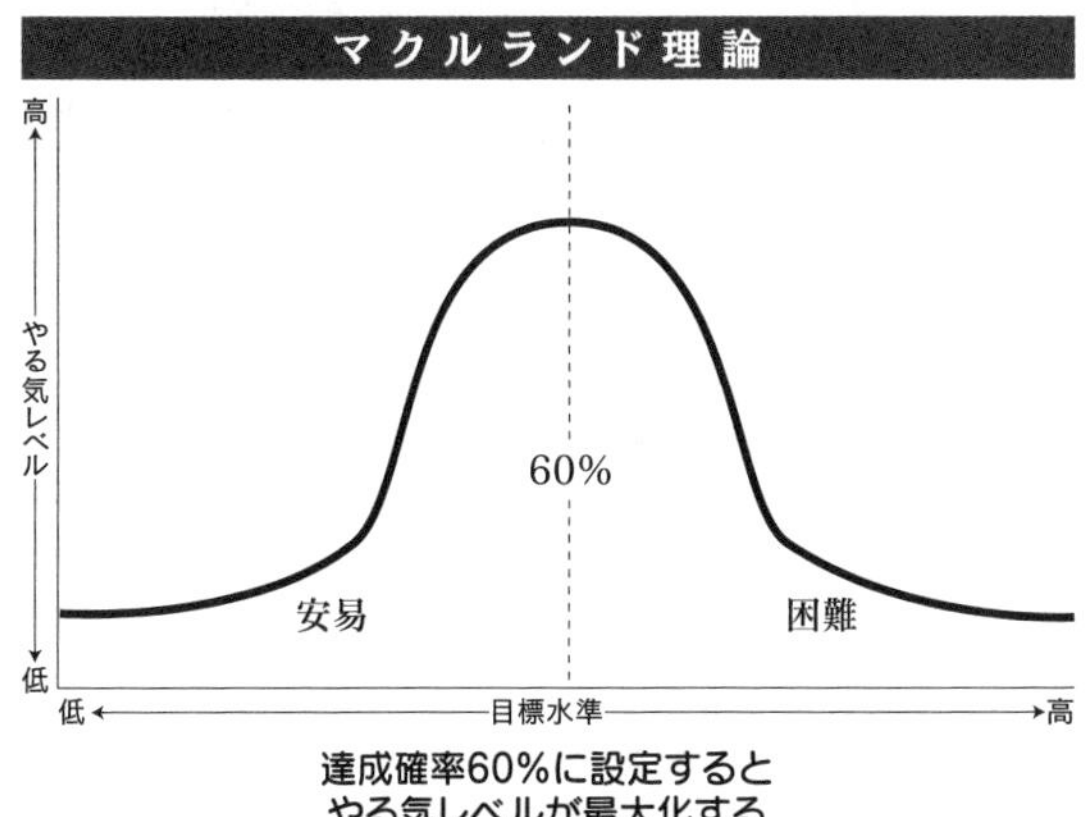

達成確率60%に設定すると
やる気レベルが最大化する

マートン理論

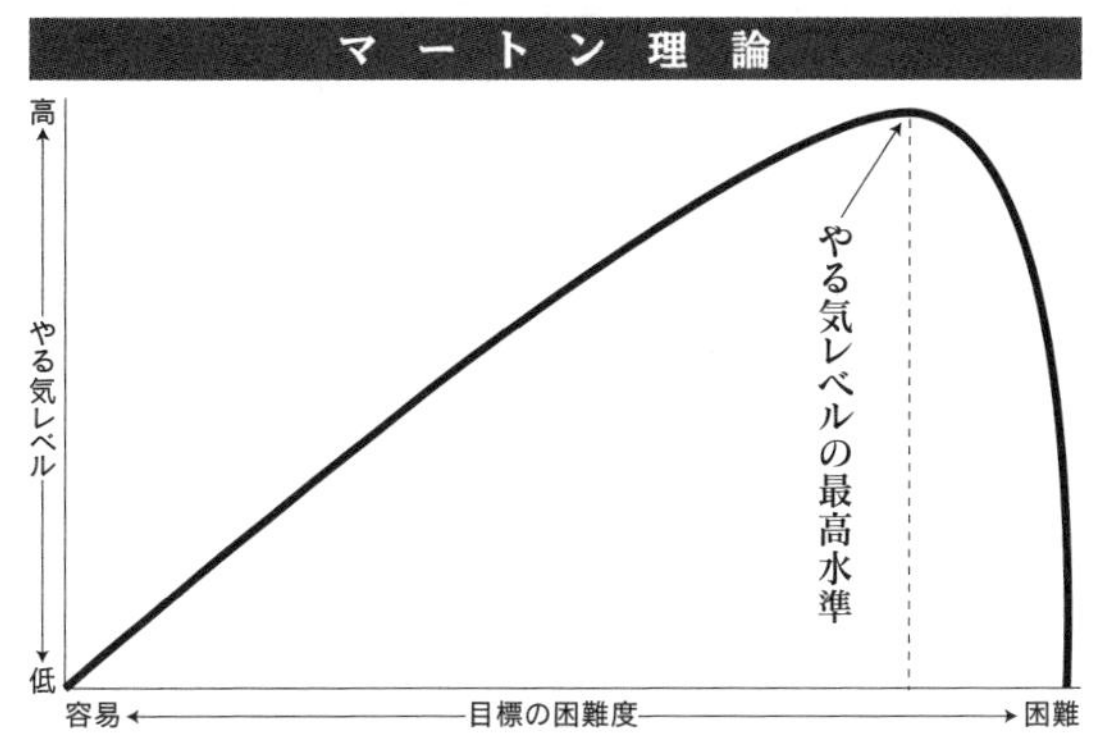

もっとも困難な目標水準よりも、少し易しい水準に
目標を設定すれば、やる気レベルが最大化する

離に的を置いたグループでした。つまり「達成確率60パーセントという数字は私たちを本気にさせる」という事実が判明したのです。

別の理論も存在します。心理学者R・マートン博士は、達成確率がもっとも困難な水準よりも少しやさしい水準で行動することで、やる気レベルが最高になると定義しています（前ページ下の図参照）。

この2つの理論は一見、矛盾するように思えますが、私はこう解釈しています。「イエス」か「ノー」という二者択一の目標の場合はマクルランド理論、記録を競う場合は「マートン理論」が適用されるのです。

たとえば、資格試験に挑む自分の合格確率が60パーセントだと判断したら、必死になって勉強するでしょう。いっぽう、陸上の桐生祥秀選手が100メートルの記録更新を狙おうとするとき、桐生選手自身が「9秒80まで記録を伸ばせる」と考えたならば、目標を少しやさしい「9秒90」に設定することで、やる気レベルは最高潮に達するのです。以上、述べた目標設定における基礎理論は、小さな習慣を効果的なものにするために覚えておいてよい知識です。

コンフォート・ゾーンの中にいる限り進歩や成長は望めない

私たちは、常に快適な環境を求めます。それが私たちの成長を阻害する大きな要因になります。ひと握りのチャンピオンがすごい成果を挙げる理由について、私はこう考えています。彼らはたとえ不快な環境に置かれても、それが成績の向上に不可欠であると考えたら、果敢にそのトレーニングをやり続けることができるのです。

心理学的には、快適な環境は「コンフォート・ゾーン（快適領域）」と呼ばれ、「ぬるま湯」や「現状維持」といった言葉で表現されるものと深い関連性があります。私たちは自分の快感に安住しようと考えますが、それでは成長することはできません。

アメリカで行なわれたアメーバ研究においても、快適な環境が成長を止めるという報告があります。

アメーバを2つのタンクに入れて実験が行なわれました。完璧な快適条件のタンクに入れられたアメーバは、温度、湿度、水位、養分すべてがアメーバにとって最適な環境で維持されました。もういっぽうのアメーバは、すべてにおいて過酷な条件下に置かれました。実験の結果、前者のアメーバに比べ、後者のアメーバは明らかに丈夫になり、繁殖も加速されました。快適な条件下にいたアメーバのほうは、繁殖するどころか、その後のわずかな環境変化において簡単に死滅してしまったのです。

このことについて、私の恩師であるジム・レーヤー博士は、こう語っています。

「ストレスがなければ、選手として目標を達成することはできない。もし自分の潜在能力を最大限に発揮したいと思うなら、多すぎるストレスと少なすぎるストレスのバランスをとることは、永遠に続く、絶対に勝たなければならない戦いである」（『スポーツマンのためのメンタル・タフネス』阪急コミュニケーションズ刊より）

コンフォート・ゾーンの中に安住する限り、成長を望むことはほぼ不可能です。自分にとって最適なストレスを感じながら小さな習慣を持続することを始めましょう。

タフネス・トレーニングがあなたを成長させる

私は過去30年以上にわたり、臨床スポーツ心理学の観点から、メンタルカウンセラーとして選手のパフォーマンス向上をバックアップしてきましたが、彼らも妥協や甘えといった楽な方向に流れる傾向があります。それを矯正するのが私の役割です。

ジム・レーヤー博士は、トレーニングの厳しさを4つの領域に分類しています。それを95ページ上の図に示します。私たちにとってのコンフォート・ゾーンを、「メンテナンス・トレーニング」と、レーヤー博士は名づけています。この領域は現状維持の領域であり、成長はほとんど望むことができません。

もちろん、それよりもストレスレベルの低い領域である「アンダー・トレーニング」は、何の成長も生み出さないどころか、退行することは明らかです。

メンテナンス・トレーニングよりも厳しい条件下のトレーニングは「タフネス・トレーニング」です。ここで感じる不快感こそ、進化に不可欠なレベルなのです。

運動だけでなく、楽器の演奏や英会話の勉強においても同様です。そして、最高レベルのストレスがかかったトレーニングが「オーバー・トレーニング」であり、このレベルは、ケガや故障の確率を高める危険な領域です。では、理想的なトレーニングレベルはどこでしょう。レーヤー博士は以下のように主張しています。

「理想の心理領域はメンテナンス・トレーニングとタフネス・トレーニングの間に存在する」

左のページ下の図のIPS［Ideal Performance State（理想的なパフォーマンス状態）］の領域でトレーニングすることにより、最高のプレーが保証されるだけでなく、チャレンジ精神が生まれてくるのです。トレーニングの継続とともに、この4つの領域は変化していくことは言うまでもありません。つまり、メンテナンスゾーンよりも、

● ストレス量の違いによる4種類のトレーニング ●

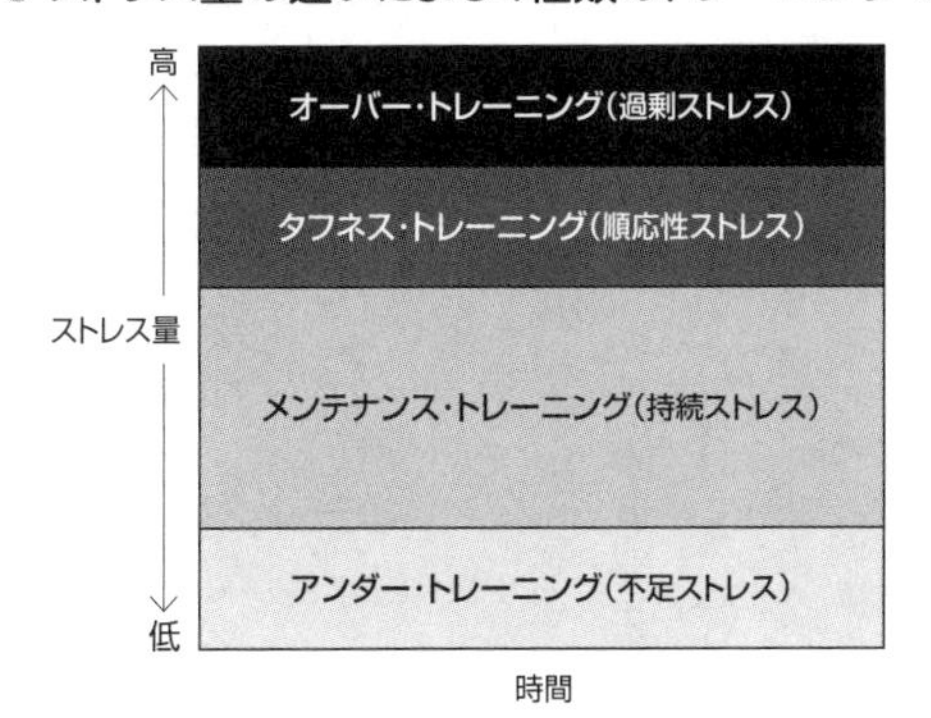

● レーヤー博士が提唱した理想的なトレーニングレベル（IPS） ●

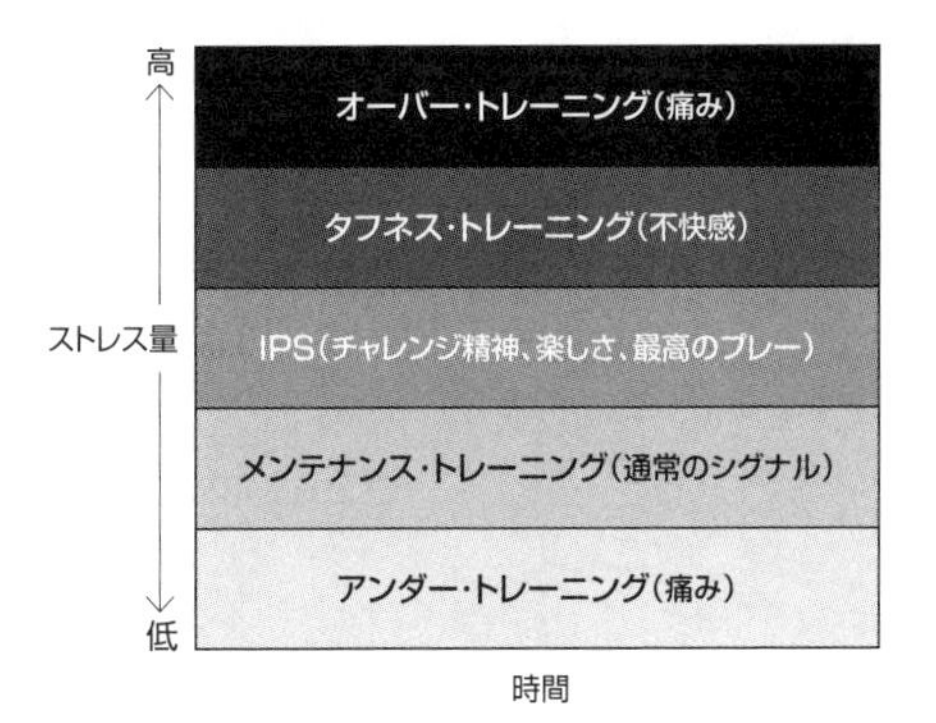

出典：2点とも『スポーツマンのためのメンタル・タフネス』ジム・レーヤー

負荷のかかったタフネスゾーンでトレーニングを行なうことにより、あなたは着実にタフになっていき、その境界線も負荷の高いレベルに移行していくのです。

「修羅場をくぐる」ことを快感だと捉えよう

スポーツ心理学の観点から言うと、圧勝や惨敗から学ぶことは何もありません。いっぽう、接戦は私たちに勝負強さとたくましさを与えてくれます。私は「勝敗を度外視して、修羅場をくぐることを快感にしなさい」というメッセージを、メンタル面でバックアップするアスリートたちに強調しています。

ともすれば、私たちはプレッシャーのかかる現場から逃げようとします。しかし、ちょっと待ってください。あなたが不快と感じるそんな場面を経験することにより、私たちは成長できるのです。

３００名のメジャーリーガーを対象にした実験結果でも、前半よりも後半のイニングで打率が低下することが判明しています。前半の平均打率は2割6分2厘なのに比べ、後半は2割4分5厘でした。また、得点圏にランナーがいたとき、ノーアウトかワンアウトなら打率が2割8分6厘なのに、ツーアウトの場合は2割3分1厘でした。つまり、プレッシャーのかかる場面では打率が低下することがわかります。

10年連続シーズン２００安打を達成したイチローさんにしても、２００安打を達成する直前は毎年、過度のプレッシャーに囚われ、吐き気に襲われたり、呼吸が苦しくなったりしたと告白しています。そのことを振り返って、彼はこう語っています。

「実際、（200本安打に）近づくにつれ、早くそれを成し遂げたいという気持ちが湧いてくる。それを抑えることはいまの自分には不可能だし、メンタルな気持ちがどれほど肉体に影響するかをすごく感じた」

小さな習慣を持続するときにも、プレッシャーを抱えて行なうことにより、私たちはすごい才能を手に入れることができるのです。恐怖と快感は紙一重。並のアスリートが恐怖と捉えて逃げたい衝動に駆られるとき、ひと握りのチャンピオンはその状況を快感と捉えて、進んでそんな厳しい状況を楽しむことができるのです。

驚くほど行動力がつく「自己暗示」の力

行動力こそ、私たちが行なう小さな習慣を強化してくれる、ひょっとしたら最大の要素かもしれません。多くの人たちが「やる気が心の中にみなぎっていくから行動ができる」という間違った考えをもっています。事実はそうではありません。心理学的には、「行動すると自動的にやる気が湧き上がる！」というのが正解なのです。

たとえば、あなたが朝早く起きて30分のウォーキングを習慣化させようと考えているとします。しかし、現実は甘くありません。朝、ベッドの中にいるあなたの頭の中には、2つの相反する考えが駆けめぐっています。

❶「さあ、いまから昨日の夜寝る前に決めた30分間ウォーキングするぞ！」
❷「眠いなあ。別に今日ではなく明日からウォーキングを始めてもいいのかなぁ」

結局、この人はそれまでの睡眠パターンを崩すことができず、早朝のウォーキングを挫折する運命にあります。つまり、相反した考えの綱引きが頭の中で行なわれ、たいていの場合、新しい習慣はそれまで長期間持続してきた習慣に負けてしまうのです。

とにかく理屈ではなく、勇気を出して「行動あるのみ！」と叫んで跳び起き、歩いてみるのです。小さな習慣を根づかせる解決策は、それしかありません。

すると、おそらくあなたはこう反論するはずです。「起きるのがおっくうで、理屈ではウォーキングしたいと思っても、なかなか行動を起こす気にならないんです」。

私はこうアドバイスします。

「実際に歩くことにより、脳内が変化して歩きたい気になれます。それは行動しないで頭の中で考えているだけではわからないことです」

暗示効果は重要な心理法則です。フランスの精神療法の権威であるエミール・クーエ博士は、「私は良くなっていく、毎日良くなっていく」というメッセージが、自信と行動力を生み出す大きな要素であると主張しています。

私が指導するプロアスリートにも、朝昼晩だけでなく、すきま時間を活用して、自分が考えた自己暗示メッセージを繰り返し読み上げることの効果を説明し、それを実践してもらっています。

- ・私は毎日どんどん進化している
- ・私は日々努力を着実に積み重ねていける
- ・私は何事も最後まであきらめない粘り強い性格の持ち主である
- ・私の心の中は自信に満ちあふれている
- ・私は優れた行動力の持ち主である

これらのメッセージを「読む」「声を出して唱える」「聴く」習慣をつけることにより、暗示効果が働いてメッセージ通りの人間に変わっていけるのです。理屈抜きに歩くという行動を体験してみましょう。本来、やる気というものは、行動によって生み出される副産物でしかないのです。歩きたいというやる気を待っていては、新しい習慣が根づくことはないのです。

「行動あるのみ！」という言葉を口癖にして、身体を動かすことからスタートさせる。新しい習慣を身につけるには、これしかないのです。

「マインドセット」で行動を阻むハードルを下げる

成功者とそうでない人たちを隔てているのは、行動力です。実業家として成功し「鉄鋼王」と呼ばれたアンドリュー・カーネギーはこう語っています。

「チャンスに出会わない人間は一人もいない。それをチャンスにできなかっただけである」

チャンスの女神に後ろ髪はありません。目の前を通り過ぎていったチャンスを逃して後悔しても、もはや後の祭りなのです。

行動を起こすことを躊躇する人たちの決定的な問題点は、失敗を恐れること。行動を起こす前に失敗が脳裏に浮かぶから、行動を起こすことを躊躇してしまうのです。

うまくいかなければこっぴどく叱る「結果志向型」のリーダーが多い組織は、メンバー全員がオドオド、ビクビクしながら仕事をする行動力のない組織になります。

大切なのは、「自分がどれだけベストを尽くしたか」という意識です。たしかに、勝利した人たちが称賛され、敗北を喫した人たちが叱責されることは当たり前のことかもしれません。しかし、ちょっと待ってください。この世の中は相手しだい、状況しだいの面もあることは否めません。いくらベストを尽くしても相手が強ければ負けるし、相手が弱ければ手抜きをしても楽勝できるのです。

周囲の人たちの無責任な評価を徹底無視して、自分のパフォーマンスを絶対評価するスキルを身につけましょう。あえて成功や失敗という評価を葬り去って、自分のパフォーマンスに照準を当てる考え方を身につければ行動力のある人間に変身できます。

キーワードは、「マインドセット（心の在り方）」です。誰が何と言おうと、自分のベストを尽くすことを最優先させてください。自分の決めたプランに従って果敢に行動を起こす人間が、これからの時代の寵児になるのです。

「結果目標」よりも「行動目標」を入念に計画しよう

小さな習慣を根づかせて仕事で成果を挙げるには、目標設定が重要な鍵を握ります。目標設定で大切なのは「結果目標」でなく、「行動目標」です。たとえば、「来週月曜日のプレゼンを成功させる」というのは結果目標です。しかし、もっと大事なことは「今日、来週月曜日のプレゼンを成功させるために2時間かけて資料づくりをする」という行動目標です。「プレゼンを成功させる！」という結果目標は、当たり前のことですから立てなくてもいいのです。

多くの人々が、夢を目標だと勘違いしています。私が指導するプロゴルファーも、最初は「トーナメントで優勝する！」という目標を立てます。しかし、そんなメッセージなら誰でも言えるのです。淡い夢を描いたからといって、優勝する確率が高くなるわけではないのです。ですから私は「トーナメントで優勝するために、毎日1時間ショートパットの練習時間を確保する」という行動目標を彼に立てさせます。

あなたが自動車のセールスマンなら、「月間20台売る」という結果目標と、「今日、顧客を10軒回る」という行動目標の両方をセットにすべきです。あなたが研究開発部門のスタッフなら、「年間7つの新製品を世に出す」という結果目標と、「今日、新製品開発のための実験を4時間行なう」という行動目標とをセットにすることです。

効果的な「行動目標」を立てるポイントを以下に示します。すべての質問に「ハイ」と答えることができれば、合格です。

・目標には、自分がその日やるべき行動が記されていますか？
・目標には、時間制限が示されていますか？
・その行動は自分を奮い立たせてくれるものですか？

ための具体策をどんどん記入すればいいのです。

私は3色のカラーペンを使用して、重要テーマ（ピンク）、次に優先すべきテーマ（黄）、後回しにしてもいいテーマ（青）の3種類に分類し、シートを塗りつぶしています。そして、ピンクで塗りつぶした重要テーマを最優先して実現のために全力を尽くすことをすすめています。

つまり、このチェックシートは、1つの夢、8つの夢実現テーマ、そして64の小さな行動習慣が記入できるよう工夫されているのです。

これを活用して必要な行動を起こすことで、夢は案外簡単に実現できるのです。

● 目標達成シート ●

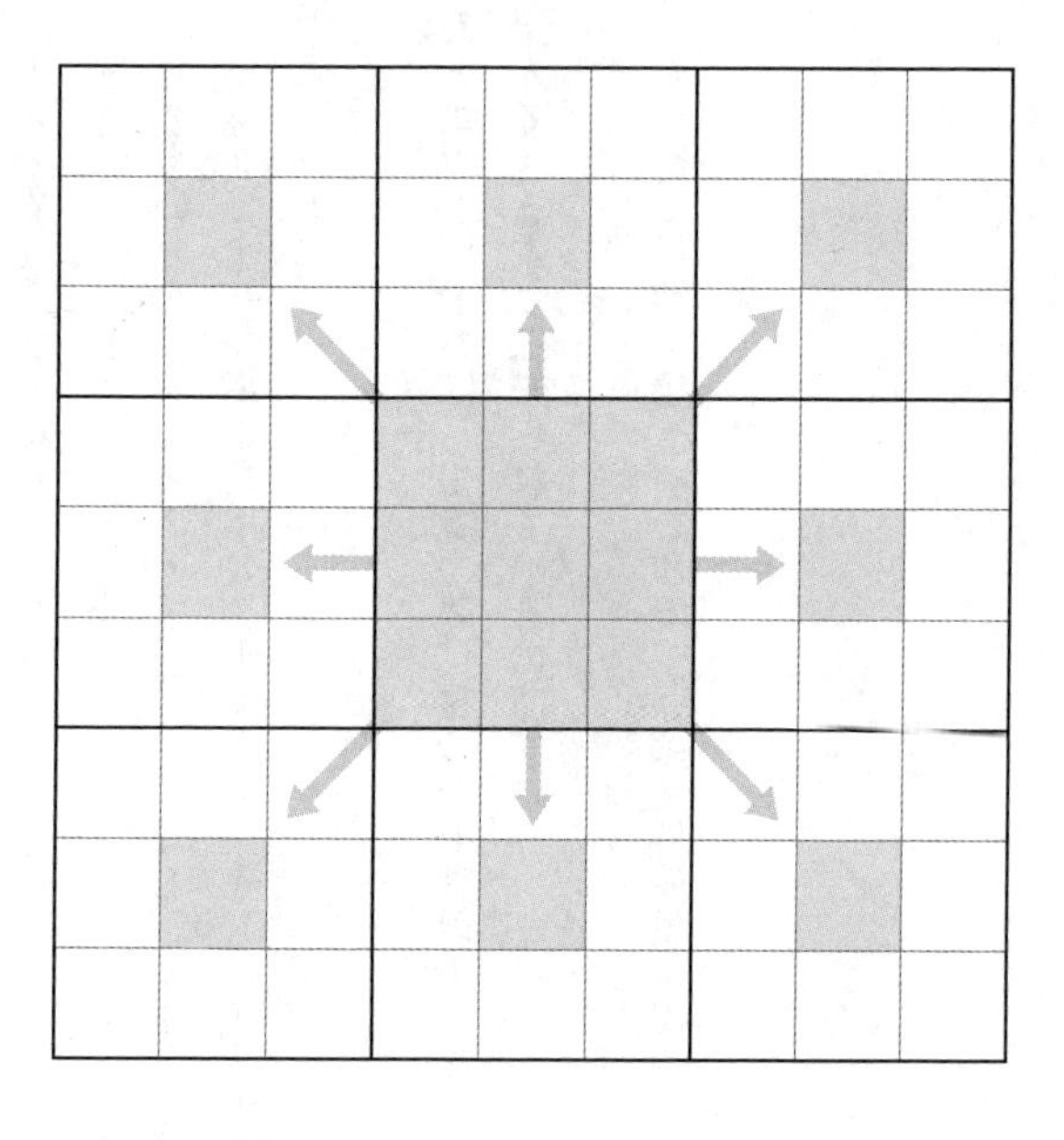

大谷翔平選手が花巻東高校1年時に立てた目標達成シート

体のケア	サプリメントを飲む	FSQ 90kg	インステップ改善	体幹強化	軸をぶらさない	角度をつける	上からボールを叩く	リストの強化
柔軟性	**体づくり**	RSQ 130kg	リリースポイントの安定	**コントロール**	不安をなくす	力まない	**キレ**	下半身主導
スタミナ	可動域	食事 夜7杯 朝3杯	下肢の強化	体を開かない	メンタルコントロールをする	ボールを前でリリース	回転数アップ	可動域
はっきりとした目標、目的を持つ	一喜一憂しない	頭は冷静に心は熱く	**体づくり**	**コントロール**	**キレ**	軸でまわる	下肢の強化	体重増加
ピンチに強い	**メンタル**	雰囲気に流されない	**メンタル**	**ドラ1 8球団**	**スピード 160km/h**	体幹強化	**スピード 160km/h**	肩周りの強化
波をつくらない	勝利への執念	仲間を思いやる心	**人間性**	**運**	**変化球**	可動域	ライナーキャッチボール	ピッチングを増やす
感性	愛される人間	計画性	あいさつ	ゴミ拾い	部屋そうじ	カウントボールを増やす	フォーク完成	スライダーのキレ
思いやり	**人間性**	感謝	道具を大切に使う	**運**	審判さんへの態度	遅く落差のあるカーブ	**変化球**	左打者への決め球
礼儀	信頼される人間	継続力	プラス思考	応援される人間になる	本を読む	ストレートと同じフォームで投げる	ストライクからボールに投げるコントロール	奥行きをイメージ

注：FSQ、RSQは筋トレ用のマシン　出典：スポーツニッポン

Chapter 4

「ルーティン」がもたらすすごい効果を実感しよう

習慣に「ルール」を課せば、とてつもないパワーとなる

小さな習慣を身につける方法は、たった1つ。それは「反復すること」に尽きます。あなたは毎朝、洗面所で歯磨きを行ないます。すると、その行動の反復により、脳に自動操縦モードが形成されます。

そう考えると、あなたが何気なくやっていることは、すべて習慣化されていることに気づくはずです。歯を磨く。着替える。挨拶する。それらの行動は、考えることなく自然に身体が動いているのです。

私は現在、6名のプロゴルファーのメンタルトレーナーとして彼らをバックアップしていますが、小さな積み重ねを日々欠かさず、何度も何度も繰り返すことの重要性を常に説いています。あるプロゴルファーは、練習のたびに黙々とバンカーショットを持続する忍耐力をもち合わせています。それは、私があるプロゴルファーにまつわ

るエピソードの話をしたからです。そのゴルファーとは、ゴルフの歴史上に燦然と輝くゲーリー・プレーヤーです。

彼は、ある試合でバンカーショットをミスしたために優勝を逃しました。そこで自分に1つのノルマを課しました。それは、自宅にある練習グリーンにバンカーをつくり、「その日、バンカーショットがカップインするまで練習をやめない」というものです。そして、雨の日も嵐の日も、自宅にいる限り、このノルマを続けました。

彼がこの練習を始めるのは、たいてい夕方でした。ある日、奥さんは珍しく朝にプレーヤーがバンカーショットを練習しているシーンを目にします。

「あなた、今日はバンカーショットの練習を始めるのが早いわね」

すると、プレーヤーはこう答えました。

「いや、昨日の夕方から始めたバンカーショットが直接カップに入らないので、いまだに続けているんだよ」

なんと彼は、前日の夕方から一睡もせず、バンカーショットの練習に没頭していたのです。この習慣のおかげで、彼は飛躍的にバンカーショットを上達させ、一流のゴルファーとしての地位を確立したのです。

この話は、小さな習慣も、あるルールを課して行なうと、とてつもないパワーに変換されるという事実を私たちに教えてくれます。毎日の小さな習慣の中に些細な改善を実行すれば、誰にも真似ができない偉大な才能を身につけることができます。

私たちは、いとも簡単にヒットを量産したイチローさんの華麗なバットスイングは知っていても、彼の過去の人生という時間の中で、どれだけの練習が費やされていたかについてはあまり考えません。

たった5分間の小さな習慣も、それを1日も欠かさず積み重ねると、1年間で30時間、10年間で300時間になるのです。

たとえ小さな習慣でもいいから、同じ作業を同じ時間に同じ場所で行なう。これこそ、安定的に私たちに新しいスキルを与えてくれる最強の方策なのです。私たちが新しい才能を身につけるうえで、小さな習慣は絶対に避けて通れないのです。

夢の実現を引き寄せる「行動力アップシート」活用術

私たちが身につけている習慣は良いものばかりではありません。当然のことながら、悪い習慣も身につけています。そして脳は、その習慣が良いか悪いかを取捨選択することよりも、習慣のメカニズムを優先させます。

つまり、良い行動の持続が良い習慣を根づかせ、悪い行動の持続が悪い習慣を根づかせるのです。アメリカのベストセラー作家、グレッチェン・ルービンは、日常生活の中で身についた習慣を7つに分類しています。それらは以下の通りです。

❶健康的な食生活を送るための習慣(甘いものを断つ、野菜を食べる、飲酒・喫煙量を減らす)
❷定期的に運動する習慣(ジムに通う、毎朝ウォーキングする、自転車で出勤する)
❸お金と賢くつき合う習慣(貯金する、借金を返す、予算を守る)

❹リラックス上手になる習慣（自然に触れる、静かに過ごす時間を確保する、十分な睡眠をとる）
❺先延ばしせず多くのことを成し遂げる習慣（楽器を演奏する、外国語を学ぶ、ブログを続ける）
❻整理整頓する習慣（ベッドを整える、書類をきちんとファイリングする）
❼人とのつながりを深める習慣（友人と会う、ボランティア活動をする、家族との時間を増やす）

あなたが身につけたい小さな習慣は、この7つの習慣のどこに分類されるでしょうか。そのことをしっかりと理解し、好ましい習慣を根づかせる行動を起こしましょう。

夢を実現したかったら、それを言葉だけでなく、絵で表現すること。もちろん、欲しいものをスマホで撮影して、ひんぱんに見ることも夢を引き寄せてくれます。

次ページに「夢への行動力アップシート」を示します。実現すればワクワクするような夢を、この用紙に記入してください。そして、それを絵で表現しましょう。

夢への行動力アップシート

何としても実現したい夢を記入したら、この用紙をコピーして「一口コメント」と「進捗度」を%で記入しよう。　20　年　月　日

夢を言葉で表現しよう	夢を絵で表現しよう	一口コメント
①夢を言葉で表現しよう	夢を絵で表現しよう	一口コメント 達成期限 20　年　月　日 達成日 20　年　月　日 進捗度　%
②夢を言葉で表現しよう	夢を絵で表現しよう	一口コメント 達成期限 20　年　月　日 達成日 20　年　月　日 進捗度　%
③夢を言葉で表現しよう	夢を絵で表現しよう	一口コメント 達成期限 20　年　月　日 達成日 20　年　月　日 進捗度　%
④夢を言葉で表現しよう	夢を絵で表現しよう	一口コメント 達成期限 20　年　月　日 達成日 20　年　月　日 進捗度　%
⑤夢を言葉で表現しよう	夢を絵で表現しよう	一口コメント 達成期限 20　年　月　日 達成日 20　年　月　日 進捗度　%

反省欄

夢は壮大なものでなくてもかまいません。「読みたい本」「行きたい場所」「手に入れたい物」「会いたい人」を言葉と絵で記入し、その夢の達成期限と一口コメント、進捗度を記入してください。そして、夢が実現したら、達成日を記入しましょう。言葉（左脳）と絵（右脳）の両方を刺激することにより、自然にあなたの行動力は高まり、夢を引き寄せてくれるのです。

この3つの大原則があなたをプロフェッショナルにする

私はスポーツの世界で、多くのプロスポーツ選手だけでなく、アマチュアプレーヤーのバックアップをしてきました。ここでは、優れたスキルを効率よく獲得する際の、小さな習慣を積み重ねることの効果についてお話ししましょう。

最近、将棋の藤井聡太棋士や卓球の張本智和選手の大活躍がマス・メディアの注目を浴びています。彼らは日々、小さな習慣を積み重ねたからこそ一流の仲間入りをしたのです。

ただひたすら、1つの分野のスキルを高めることに時間を注ぐ。これは、何も将棋や卓球の世界だけに通用する法則ではなく、あらゆる分野で通用する強力な法則です。

この法則は「反復練習」がキーワードです。もちろん、あなたがオリンピックで金メダルを獲得したかったら、その分野の適性が大きな影響を及ぼします。あなたがいくら水泳で頑張っても、北島康介選手にはなれません。あるいは、体操でいくら血のにじむような努力を積み重ねても、内村航平選手にはなれません。

それでも脳には「可塑性」があります。可塑性は神経科学の専門用語であり、「脳は環境や行動によって物理的に変化する性質を保持している」というものです。つまり、あなたがその気になれば、物理学者、医者、作家、漫画家、弁護士といった、まったく異なる多くの職業に就くことができるのです。

人生には限りがあります。もしもあなたに永遠に続く若さがあり、200年も30

0年も生きることができたら、レオナルド・ダ・ヴィンチのようにさまざまな分野で偉大な業績を挙げられるかもしれません。しかし、時間は有限であり、才能を磨くために確保できる時間は驚くほど少ないことを自覚する必要があります。つまり、1つのスキルをマスターするための反復練習は、すごいパワーをもっているのです。

たとえば140分間という練習時間が与えられたら、ドライバーからパターまで14本のクラブ全部を10分間ずつ練習しても、ほとんど上達は望めません。

しかし、1本のクラブだけを140分間練習すれば、かならず上達します。もちろん、そのクラブでマスターした技はほかのクラブを打つときにも応用できるため、明らかに上達というギフトを獲得できるのです。小さな習慣を積み重ね、スキルを効率的にマスターするうえで私が強調したい3原則は以下の通りです。

❶目標設定：期間を定めて1つのスキルをマスターする目標を設定する
❷時間確保：そのスキルをマスターする時間を最優先で確保する
❸反復練習：フィードバックを機能させた反復練習をひたすら繰り返す

仕事や勉強だけでなく、スポーツやゲームも、すべてこの3つの要素にのっとって行なえば、誰でもその分野においてひとかどの人間になれるのです。

20世紀における著名な思想家カール・ポパーは、**「人間に起こり得る最高の経験は、問題を見つけ、それに夢中になり、さらに問題が現れるまではその解決にすべてを捧げることだ」**と語っています。目標を定めて、スキルを高める時間を確保し、徹底的に反復練習をひたすら繰り返すことこそ、優れたスキルを習得する秘訣なのです。

仕事で成果を出したいなら、この「小さな習慣」が効く

小さな習慣を積み重ねるうえで大切な要素。それは、とにかく行動力をつけるということです。いくら素晴らしいプランを立てても、行動力を高めないことには計画倒れになってしまいます。行動力を高めることこそ、仕事で成果を挙げたり、趣味にお

けるスキルアップに貢献してくれたりします。

メタ（旧フェイスブック）の創業者であるマーク・ザッカーバーグは、「完璧を目指すより、まず終わらせろ」と言っています。多くの人々が完璧なものを仕上げようとするあまり、多くの時間を浪費しています。

質を上げることは大事なことですが、あまりにも完璧さを求めすぎてしまうと、当然のことながら行動力が落ちて、量を稼げなくなる事実をしっかりと頭の中に叩きこんでおきましょう。私は複数の事柄を並行して行なうことを得意としています。とにかく長考が時間の無駄づかいの元凶です。行きづまったら、その作業をいったん休んで別の作業に取りかかってください。

私の場合、アイデアを思いついても、途中段階で行きづまったら、即、別の行動に移る習慣を身につけています。そして、やりかけの作業はパソコン内の「中途作業箱」というラベルのついたフォルダーにどんどん入れていきます。

それ以外にも、私のパソコン内には、「執筆テーマ」「スポーツ心理学文献集」「ス

日課カード

20＿＿年＿＿月＿＿日

私はこの日課を、今日中にかならず達成する

① 達成度

＿＿＿％

②

＿＿＿％

③

＿＿＿％

反省欄

ポーツ心理学チェックシートデータベース」といった10以上のフォルダーが存在します。パッ、パッと行動を切り替えて行動力を上げる工夫をしているのです。

私にとって何より大切なのは、限られた時間を最大限に活用して、効率的に多数の行動を行なうことです。スケジュール帳に記入したおびただしい数のタスクをこなしながら、そのすきま時間にアイデアを練る時間を確保します。もちろん、オフタイムのゴルフ、ウォーキング、書店散策といったイベントもしっかりこなしていきます。

前ページに「日課カード」を示しました。このカードは仕事だけでなく、趣味や日々こなさなければならない用事などにも使用可能です。私は仕事、趣味、雑用と3枚の日課カードを分けて活用しています。テーマごとに1日1枚使用します。

出社したら、その日の主要な日課を3つ設定し、退社前に達成度を書き、反省欄に記入します。このカードを活用すれば、驚くほど行動力は高まるのです。

私の頭の中には常にジム・レーヤー博士から教わった「オンとオフは車の両輪のようなもの」という教えが駆けめぐっています。

よく働き、よく遊ぶ。これこそ、いつの世にも通じる成功方程式なのです。

中だるみを防止するために、短時間で作業をひんぱんに替えていく。すきま時間を活用してアイデアを練る時間に充てる。そして、オフタイムを充実させる。

これこそ、私が大切にしている仕事術のエッセンスなのです。

本番で実力を発揮できるかは「日々の習慣」で決まる

小さな習慣の中でも大切な役割を占めるのは「周到な準備」です。私たちは往々にして大切な本番で目いっぱい実力を発揮しようとします。しかし、一流の人間ほど、本番よりもその準備に命を懸けます。

日々の小さな習慣を通して、自分ができる限りの周到な準備をする。このことの大切さを理解してください。

その典型例はイチローさんで間違いないでしょう。彼ほど小さな習慣を通して準備に命を懸けてきたアスリートを探すのは、困難です。
あるとき、イチローさんは、こう語っています。

「結局、細かいことを積み重ねることでしか頂上には行けない。それ以外には方法はないということですね」

日々の準備という小さな習慣の積み重ねが、メジャー3000本安打という偉業を達成させたといっても過言ではないのです。なぜ、イチローさんは安打を打とうと、凡打になろうと、一喜一憂しないのか？　それは「これだけ周到な準備をしたから、どんな結果に終わろうとも納得できる」と考えているからです。もっと言えば、肝心の本番が始まる前に結果が決まっていると、彼は考えているのです。

準備の大切さは、いまから1世紀以上前の南極点到達レースから学ぶことができます。ロアール・アムンセンとロバート・スコットは同時期に南極を目指していました。そしてアムンセンがこのレースに勝利しました。

アムンセンは1911年12月14日に南極点に到達します。いっぽう、スコットは翌年の1月17日であり、その差はわずか34日です。なぜ、アムンセンが勝利を収めたのでしょう。スコットは、チームの指導者としては有能なリーダーでした。しかし、準備においてアムンセンのほうが優れていたのです。

アムンセンはチームに有能なスキーヤーや職人を揃えました。スコット隊が採用した馬ぞり用の馬が死に絶えて前進を阻まれたときに、アムンセン隊は強度を維持して重量を劇的に減らした、当時、最先端の犬ぞりを使って成功を収めたのです。

さらにアムンセンは、衣服や装備について、極寒地に住むイヌイットの伝統的なサバイバル術を学んでいました。食料についても、スコット隊が低カロリーの紅茶を飲んでいたのに対し、高カロリーのココアを選択して寒さを克服したのです。

スコット隊に勝利したアムンセンは、こう語っています。

「完全な準備のあるところに、常に勝利がある。これを『幸運』という。不十分な準備しかないところに、かならず失敗がある。これが『不運』と呼ばれるものである」

本番に備えた日々の準備という小さな習慣が、あなたに成果をもたらすのです。

「やらなければいけないこと」ができる環境をつくろう

小さな習慣を定着させるためには、作業時間をできるだけ小刻みにすることが有効です。あなたは「初頭効果」と「終末効果」について知る必要があります。131ページの図のように、1つの作業の最初と最後は、自然と集中力が高まるために作業能率が上がるのです。

たとえば、2時間の作業の合間に15分の休憩時間を設定するとき、1時間作業して15分の休憩を挟み、ふたたび1時間の作業を行なうよりも、30分の作業に4等分し、その間に5分間の休憩を3回挟んだほうが明らかに作業能率は高まります。

そして休憩時間には、作業している場をひとまず離れ、ストレッチや深呼吸する時間に充ててください。私は執筆中、30分作業したら5分間の休憩を挟む習慣を身につけています。20年間の執筆生活で身につけた私なりのリズムです。

これにより、「初頭効果」「終末効果」の頻度が高まるだけでなく、「リフレッシュ効果」も加わって、楽しく作業できるのです。作業環境を改善することも、作業の効率化と小さな習慣を持続させるために不可欠な要素です。楽しい気分にさせることが作業能率を高めてくれることは実験により証明されています。

米インディアナ大学のエドワード・ハート博士は、2つのグループに分けて、それぞれのグループに楽しい気分にさせる映画と悲しい気分にさせる映画を見せました。その後、アイデア出しの作業をさせたところ、後者のグループに比べて、前者のグループは作業量が20パーセントも高まったのです。

つまり、楽しい気分で作業に取り組めば、好ましい効果がもたらされるのです。

ですから、私の机には気分を良好に保つために、さまざまな工夫が凝らされています。まず、机上にアロマ・ディフューザーを置いて、その日の気分でさまざまな香りを楽しみながら、執筆を行ないます。気に入ったアロマを味わうことにより、作業の効率化が促進されるのです。

あるいは、イージーリスニングの音楽を流すことも、私の集中力と作業効率を高めてくれます。静かな部屋で作業を行なうほうが効率は高まると感じる人がいるかもしれませんが、私は、大好きなイージーリスニングやクラシックの楽曲を流しながら執筆作業することによって能率が高まることを知っています。

私は数十種類あるお気に入りの曲のリストから、その日の気分で楽曲を選択します。あなたもぜひ、音楽を流した環境と静かな環境のうち、どちらのほうがパソコンの作業がはかどるかについて試してみてください。

視覚的に楽しい環境を作成することも、作業能率を高めてくれます。

大阪大学の入戸野(にっとの)宏教授(認知心理生理学)らの研究グループが、こんな実験結果を発表しました。入戸野教授は132人の学生を集め、3つのグループに分けて実験しました。各グループに「単純だが根気と集中力が必要な作業」を行なってもらい、作業効率や仕事の丁寧さを観察します。途中、動物の赤ちゃんの写真、成犬や成猫の写真、食べ物の写真などを見せ、ふたたび同じ作業に戻ってもらうことを繰り返しま

集中力と作業時間の相関関係

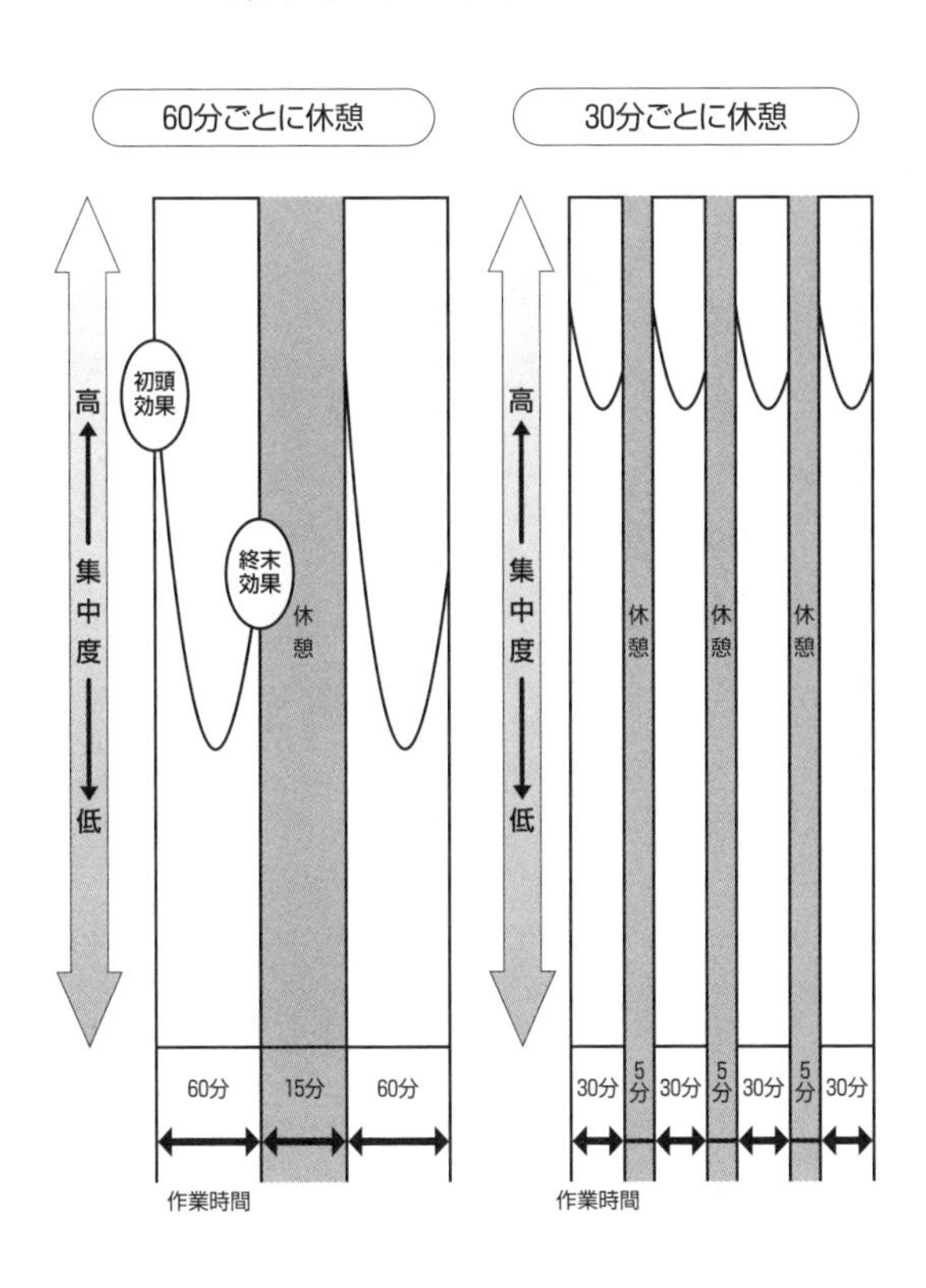

集中力は作業時間の「最初」と「最後」に高まり、作業中は低下していく

した。

その結果、作業に丁寧さが要求されるグループでは、子犬や子猫の写真を見せると、成犬や成猫の写真を見せたときに比べて、仕事を完成させるのに要した時間は12パーセント長くなりましたが、作業スコアは44パーセントもアップし、手間と時間をかけて仕事に取り組む姿勢が顕著になったといいます。

自分の家族の写真や大好きなアイドルの写真をデスクに置き、作業の合間に見ることによって、作業能率は間違いなく高まるのです。とくに新しい小さな習慣を根づかせるには、このような工夫をかならず行なってください。

「気乗りしない」ときでも進んで行動する秘訣

仕事と趣味の決定的な違い。それは好きなことができる趣味に対し、仕事は自分にとってやりたくない、嫌なことを行なわなければならないという事実です。仕事というのは本来、内容の面白くない作業で埋めつくされているのです。

小さな習慣をコツコツ積み上げていくには、さまざまな工夫が必要ですが、乗らない気分を乗せるためにも、ちょっとした工夫が必要です。

米ヴァージニア大学のデニス・プロフィット博士のグループは、学生を被験者にして坂道を上らせる実験を行ないました。博士は学生たちを2つのグループに分け、実験前に、陽気な気分になるモーツァルトの曲と、気分が塞ぐマーラーの曲を聴かせました。そして、これから上る坂道を目の前にして、「これからこの坂道を上ってもらうのですが、坂道の角度は何度くらいだと思いますか？」と質問しました。

モーツァルトの曲を聴いたグループは、坂の角度を平均19度と見積もりました。いっぽう、マーラーの曲を聴いたグループは平均31度と見積もったのです。このデータにより、次のような事実が判明しました。

陽気な気分を演出すれば、これから自分が取り組まねばならない作業がやさしく見え、憂鬱な気分で臨めば、その作業は難しく感じられるのです。

別の実験でも、レストランで陽気なポップスを流せばお客の回転率が高まり、クラシックのような落ち着いた曲を流せばお客は長居をするという事実が判明しています。

気が乗らない単純作業や、気が滅入るような資料作成をするときには、鼻歌を歌ったり、その作業を終えたあとの自分へのプレゼントを設定したりして、作業中でも陽気な気分になれる工夫すれば、能率的に行なえる自分に気づくはずです。

あるいは、10分間の運動をブレイクタイムに取り入れるだけでも気分転換になります。午前9時から午後5時までの勤務時間の合間に、とくにデスクワークが多いビジネスパーソンは3〜5回の「10分間運動」をすることをおすすめします。

「8割完了でOK」のルールが小さな習慣を持続させる

小さな習慣を持続させるためには、完璧主義に陥らないこと。むしろ、「ゆるい習慣」が持続させるコツです。たとえば、あなたがふだん1箱（20本）の喫煙をしているとします。そんなあなたが突然、「明日から1か月間、タバコを1本も吸わない」と宣言しても、間違いなく三日坊主に終わってしまうでしょう。

本書の別のところでも少し触れていますが、小さな習慣を根づかせるには、厳格ではなく、ちょっとゆるいルールでスタートさせましょう。「どうしても吸いたいときは1日3本だけ吸える」という1日限りの、私が「約束破りのルール」と呼んでいる救済措置が、小さな習慣を長続きさせる秘訣です。どうにも我慢できなかったら吸うことができるのですから、長続きするというわけです。

もちろん三日坊主も歓迎です。3日禁煙して、次の日3本吸えるというリズムで小さな習慣を根づかせることができれば、4日で80本吸っていた習慣を「4日で3本に減らす」ことに成功したことになるのです。

もう1つ肝に銘じるべきは、小さな習慣を根づかせるには、完璧主義者に陥らないことです。8割完了したらよしとする考えをもってください。完璧主義者に陥ると、その習慣は早晩、挫折する運命にあります。

あなたはパレートの法則を知っていますか？

イタリアの経済学者であるヴィルフレード・パレート博士は、「80：20の法則」を発見・提唱しました。これはビジネス界において、効率性を考えるうえでとても重要な成功法則です。

この法則は、**「経済において、全体の数値の8割は、全体を構成するうちの2割の要素が生み出している」**という理論です。

たとえば、会社の商品の8割は2割の顧客によって購入されています。あるいは、会社の売り上げの8割は、その会社が販売する主要な2割の商品によって構成されています。そして、仕事の成果の8割は、費やした全体の時間のうち、2割の時間で生み出されているのです。

この観点から、以下のことを考慮する必要があります。

- **資料の作成は「8割の出来映えでよし」として、8割完成した時点で作業を終える**
- **セールスは自分の顧客リストの購入額の多いほうから2割の人たちを重点的に行なう**

・毎日の就業時間のうち、最初の2割の時間で、その日の最重要の仕事を片づける

このようなことを実行するだけで、あなたは小さな習慣を積み重ねることができ、すごいパワーを発揮して大きな成果を挙げることができるのです。

日々の習慣を「数値化」すれば、単純な作業も夢中になれる

「可視化」と小さな習慣は、とても相性がいいのです。行動を徹底して可視化する工夫を凝らすことが、小さな習慣を定着させる大きな要因になります。たとえば、その1つの具体策は「小さな習慣の累積を数値で可視化する」こと。この作業を行なえば行動力が増し、習慣が根づき、ひいては夢実現の確率を高めてくれるのです。

私は、「習慣ポイントカード」を作成して、小さな習慣の累積量を可視化できる工夫をしています。

たとえば、私は毎週決まった曜日の決まった時間にマッサージに行きますが、その店では毎回スタンプカードに捺印してくれます。10回ポイントがたまると11回目の施療が半額になります。つまり、割引率は5パーセントです。

たった5パーセントの割引ですが、私の場合、ポイントカードがあるためにマッサージの習慣は持続しているのです。

もしも、あなたが自動車のセールスマンなら、成約した件数ではなく、訪問した顧客の数をポイントカードの枠に捺印していきましょう。あるいは、アポイントメントの電話をかけた件数をポイントとして捺印すればいいのです。

このとき、成果よりも行動パターンを可視化してください。結果は行動についてくるのです。とにかく、単純に行動する頻度を高めてください。次章で紹介する量質転化の法則がしっかり働いて結果がともなってくることにあなたは気づきます。

◎ 習慣ポイントカード ◎

行動テーマ ________________

行動テーマをやり遂げることができたら、スタンプを押しましょう。

1	2	3	4	5	6	7	8	9	10
11	12	13	14	15	16	17	18	19	20
21	22	23	24	25	26	27	28	29	30
31	32	33	34	35	36	37	38	39	40
41	42	43	44	45	46	47	48	49	50

ご褒美ポイント

10ポイント ________________

20ポイント ________________

30ポイント ________________

40ポイント ________________

50ポイント ________________

このカードは1つのテーマにつき、1枚使用します。まず、名刺サイズの厚紙にこのカードを貼りつけましょう。そして、そのテーマに沿った行動を起こすたびに1つずつ捺印していき、ポイントを貯めることに全力を尽くしましょう。もちろん、文房具店で気に入った小さなスタンプを購入してカードに押しても構いません。

そして、ポイントカードに明記した10ポイントごとに、自分に贈るプレゼントのリストを作成しましょう。もちろん、このカードはパスケースなどに入れて常にもち歩き、お目当てのプレゼントを手に入れるために、時々パスケースから取り出して見る習慣をつけましょう。

日々の内容の面白くない単純なルーティンワークを可視化し、累積量を意識し、節目に達したら自分にご褒美を贈るという工夫をするだけで、あなたの小さな習慣はかならず定着するのです。

毎週「自分への小さなプレゼント」を手に入れよう

小さな習慣を持続させるもう1つの要素は、「ご褒美」と「ペナルティー」です。ただし、どちらもうまく設定しないと、効果は半減します。まず、ご褒美を与えられる適切な期間を決めることが肝要です。

こんな心理学の実験結果があります。コロンビア大学心理学教室が行なった実験です。グループを2つに分け、あるコーヒーショップでスタンプカードを使い、どちらのグループが無料のコーヒーを獲得できたかについて調べました。

グループAには、コーヒー10杯を注文すると1杯のコーヒーが無料になるというカードが与えられました。

グループBには、コーヒーを12杯飲むと1杯のコーヒーが無料になり、なおかつ「最初から2杯分のスタンプを押してある」カードが与えられました。

すると、グループBの人たちのほうが、グループAの人たちよりも明らかに高い確率で無料のコーヒーを獲得しました。

この実験結果は、私たちに何を教えてくれるのでしょう？　私たちは、「ゴールまでの距離が近づいているという実感をもつことができれば行動力がつく」のです。実際、マウスの実験でも、ネズミは出口に近づいたと認識したときに足が速くなることが判明しています。

この2種類のスタンプカードは、どちらも無料コーヒーを獲得するには10杯のコーヒーを注文しなければならないのですが、たとえ状況が同じでも、「これから10杯飲まなければ、無料コーヒーが手に入らない」と考えるより、「もう2つスタンプを獲得している」と考えるほうがゴールは近く見えるものなのです。

この実験が、「1か月先のご褒美やペナルティーよりも、1週間先にご褒美やペナルティーを設定したほうが私たちの行動力は増進する」という事実を教えてくれます。

「目標達成のご褒美」と「未達成のペナルティ」の例

ご褒美

・行きたかったレストランに行く
・趣味にお金をかける
・ケーキを好きなだけ食べる
・欲しかった服やバッグを購入する
・1泊の温泉旅行に行く

ペナルティー

・外食を一定期間控える
・タバコやアルコールを一定期間控える
・部屋や風呂場の掃除を1時間かけて行なう
・エレベーターやエスカレーターを使わずに
　階段を利用する

あなたも自分に対して、ご褒美やペナルティーを1週単位で与えましょう。そうと決めたなら、続けて「週間目標のクリアレベル」を設定します。

このとき、あらかじめ「ご褒美」「何もなし」「ペナルティー」の3つのレベルに分類しておきましょう。

たとえば、あなたが「毎日30分ウォーキングする!」という小さな習慣を設定したとします。1週間で合計210分が目標値です。

もちろん、目標を達成したらご褒美です。3つのレベルの境界線はあなた自身が決めていいのですが、1つの目安として「50パーセント未満はペナルティー」「50~79パーセントはペナルティーもご褒美もなし」「80パーセント以上がご褒美」と設定するといいでしょう。前のページの「ご褒美」と「ペナルティー」の例を計画する際の参考にしてみてください。

Chapter 5

「身についた習慣」を二度と手放さないコツ

「行動しながらプランを洗練させる」習慣を身につけよう

私は毎日数時間、パソコンの前に座って、ひたすら本の執筆のためにキーボードを叩く習慣を身につけています。わき目もふらずにその作業に没頭することが、私にとって快感なのです。

この単純作業に私が飽きることはありません。それどころか、キーボードを叩かないときは落ち着きません。〝仕事中毒〟という響きはあまりよくありませんが、少なくとも情熱をもって自分のやりたい作業にのめりこむ作業に関しては、身体を壊さない限り「やりすぎ」という言葉は通用しないのです。

量質転化は、小さな習慣を積み上げる人たちのためにある言葉です。これは「量を稼げば、自動的にそれは質に転換して高まる」という意味の言葉です。

日本では、いまだにあらゆる組織で減点主義がまかり通っています。失敗するなら行動しないほうがマシという考え方です。しかし、それでは大きな改革はまったく不可能です。あるいは、日本ではプランを練りに練ったうえで行動を起こすことが求められます。しかし、熟慮すればするほど行動力は萎えます。多大な時間をかけ、練りに練ったプランほど、「やっぱり問題があるからやめておこう」という結論となり、永遠に闇に葬り去られることも珍しくないのです。

いっぽう、欧米では、とにかく行動することを最優先します。プランを練ってから行動する日本式のパターンではなく、行動しながらプランを洗練させていきます。

自動車のセールスパーソンで優秀なのは、セールストークの上手い人間でもなければ、セールス戦略に長けた人間でもありません。顧客への数多い訪問を通して、その訪問結果をフィードバックしながら、とにかく動き回ることができるセールスパーソンこそ、最大の成果を挙げる人間なのです。たとえ、自動車を売る確率が同じでも、

100軒顧客を訪問して10台を売る人間のほうが、10軒顧客を訪問して1台を売るセールスパーソンよりも優秀なことは、誰の目にも明らかです。

完璧主義に陥ってもいけません。同じ時間が与えられたとき、理屈抜きに質よりも量を優先させましょう。新規プロジェクトを立ち上げるとき、完璧なたった1つのプランを出すより、不完全でもいいので10個のプランを出して行動を起こすべきです。

プランを練りに練ってから動き出す「守りのパターン」ではなく、積極的に動きながらプランを洗練させて行動し続ける「攻めのパターン」に徹しましょう。動かない限り、プランを洗練させることは不可能である、と考えてみましょう。

たとえば、あなたが池で釣りをしていて魚が釣れないとき、ずっと同じ場所で釣り糸を垂れるのは時間の浪費にすぎません。エサが悪いのか、仕掛けが悪いのか、そもそもその池には魚がいないのか、多くの可能性に即したアクションを起こすべきです。

エサや仕掛けを変えたり、場所を変えたりと、さまざまなアクションを起こしましょう。それでも魚が釣れなければ、退散すべきです。あとで、「あの池には魚がいなかった」という事実を知らされても、それは後の祭りなのです。イタリアには、「皿に大盛りのスパゲッティを壁に投げつければ、何本かのスパゲッティは必ず壁に引っつく」という格言があります。量質転化の大切さが、この言葉からも理解できます。

どんな習慣も「ゆるいルール」からスタートさせよう

私たちが「習慣」という言葉を思い浮かべるとき、「何としても継続させなければならない行動」というイメージをもつものです。

大切なことは、三日坊主でもいいのでやめないこと。3日持続したら1日休む。それでいいのです。たとえば、英単語を記憶する作業について考えてみましょう。「毎日50個の英単語を記憶する!」という目標では、早晩、挫折する運命にあります。

しかし、毎日5個なら持続できそうです。しかも、その日4個しか覚えられなかったら、次の日に6個覚えればいいだけの話です。まったく英単語の勉強ができなかった日は、翌日に頑張って10個覚えればいいのです。もう一度繰り返します。

大切なことは、決めた習慣をやめないことです。私が「ゆるい習慣」と名づけているルールが、小さな習慣を実行させてくれます。

たとえば、もしあなたが健康診断で肝臓の数値に異常が出たら、毎日ビールを飲む現状を改めるために、「絶対飲まない！」ではなく、「週に2回は350㎖の缶ビールを1缶飲める！」という、ゆるいルールから始めてください。それが禁酒実現に貢献してくれます。

もちろん、小さな習慣は行動だけでなく口癖も含まれます。私は「ありがとう」「素晴らしい」「楽しかった」「助かったよ」といった言葉を自分の口から発することも、大切な小さな習慣だと考えています。

私が日々行なっている小さな習慣は10個以上あります。いくつか挙げてみましょう。

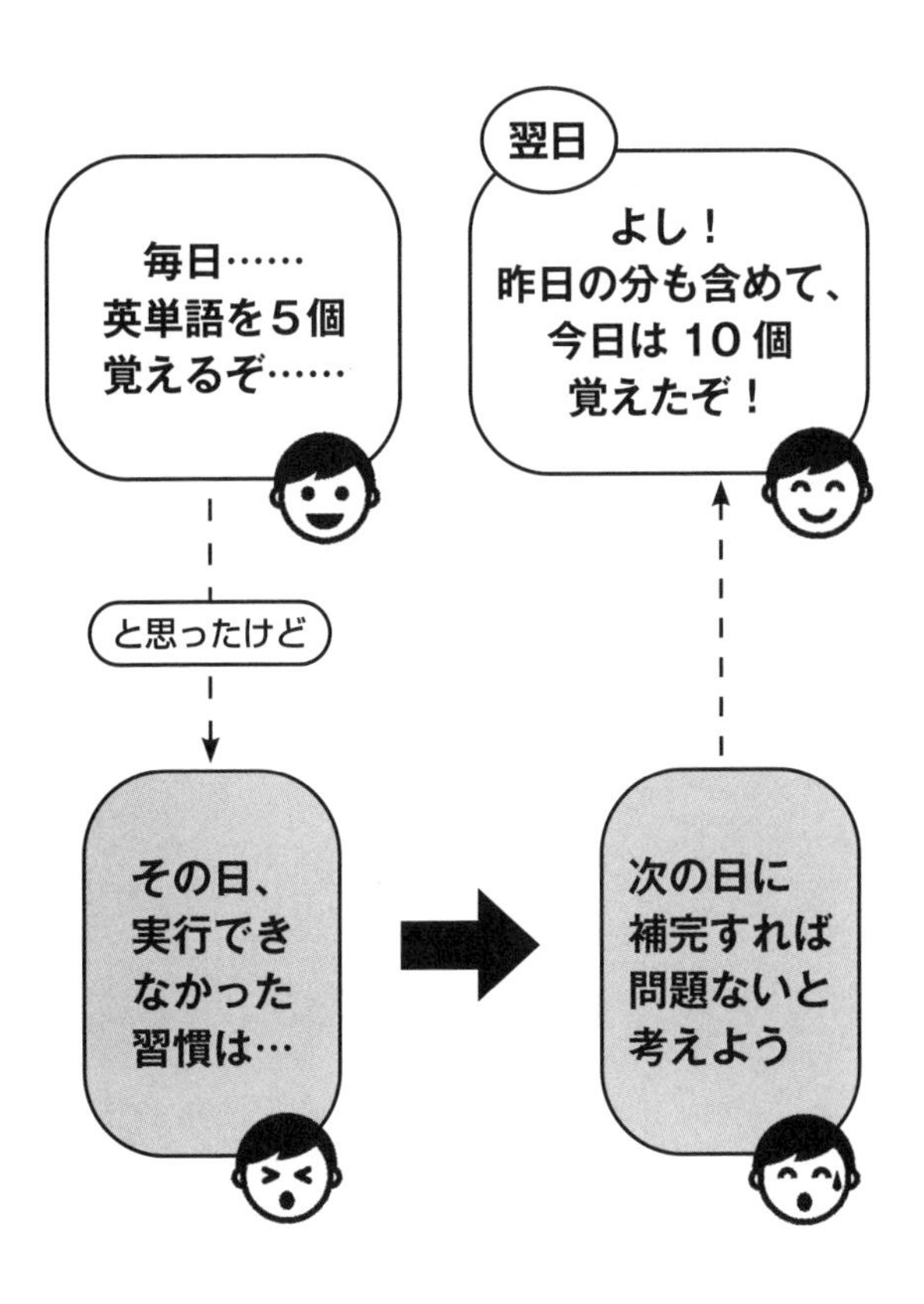
毎日……
英単語を５個
覚えるぞ……
と思ったけど
その日、
実行できなかった
習慣は…
次の日に
補完すれば
問題ないと
考えよう
翌日
よし！
昨日の分も含めて、
今日は 10 個
覚えたぞ！

・自分の健康を支えてくれているサプリメントを毎日飲む
・毎日朝晩、ベッドでそれぞれ15分間かけて瞑想を行なう
・週3回、フィットネスクラブに行く
・毎週、ゴルフのラウンドを楽しむ
・毎日30分の速歩を行なう
・週2回、お気に入りのレストランで食事をする

以上のような習慣は、すべて10年以上続いているものばかりです。もちろん、多忙な週は1回しかフィットネスクラブに行けませんが、家で同じ時間だけ、ストレッチや筋力トレーニングを行ないます。

もちろん、私のライフワークである「ほかにスケジュールのない日に、5時間は執筆作業に費やす」は「小さな習慣」ではありませんが、最初はほんの10分間の執筆作業からスタートしています。小さな習慣を侮ってはいけません。日々行なう習慣が、あなたの人生をやがて大きく変えていくのです。

習慣を確実に定着させる「すきま時間」活用テクニック

東大生を対象に、受験成功の秘訣を尋ねると、「すきま時間を活用して勉強した」という事実が存在します。私たちには毎日、午前0時に「24時間」が与えられます。

私たちの日常生活を分析すると、数多くのすきま時間が存在することに気づきます。たとえば、毎日5分間のすきま時間が10個あるとすると、毎日50分、年間300時間のすきま時間が確保できます。この時間はバカにできません。

習慣を定着させるには、徹底して頻度を多くすること。たとえば、あることを毎日60分するとしたら、連続して60分行なうよりも、6分割して1日に10分ずつ6回行なったほうが習慣として定着しやすくなります。

それだけでなく、短時間のほうが中だるみが起きないため、集中力が高まり、効率よく作業を進めることができるのです。すきま時間は最低「10秒」あれば十分ですが、それ以上の時間があれば、以下のことが可能になります。

・資格試験の勉強に充てる　・英単語を記憶する
・ストレッチを行なう・目を閉じて瞑想する

あなたが考えているよりも、すきま時間は以下のように、とても多いのです。

・スーパーやコンビニのレジの待ち時間　・友達に会うまでの待ち時間
・会議開始までの会議室での待ち時間　・通勤電車の車内
・駅で電車を待っている時間　・食事がスタートするまでの食卓での待ち時間

この時間ぐらいボーッとしていたい、と考える人もいるかもしれませんが、成果を挙げたかったら、こんな細切れの時間をうまく活用することが肝要なのです。

地味で単純な仕事は「ゲーム化」してしまう

仕事よりも趣味のほうが楽しい。大部分の人たちはこう考えています。しかし、本当にそうでしょうか？　たしかにビジネスパーソンにとって、週末のゴルフは気分転換としてとても役立つでしょう。あるいは、麻雀好きの人なら、徹夜してでもこのゲームに情熱を注ぎます。では、仕事とゴルフや麻雀の違いは何でしょう？
大部分の人たちは、ゴルフや麻雀はゲームであり、仕事はそうでないと考えています。しかし、仕事もその気になればゲームに変えることができるのです。

キーワードは「自己ベスト」「出来映えと制限時間」「達成感」です。

まず、「自己ベスト」です。ゴルフや麻雀というゲームを通して、そのゲームの技を高めることにやりがいを見出せれば、仕事は楽しくなります。

自分の限界に挑戦することをやりがいにしましょう。そうすれば、内容の面白くない仕事も簡単に習慣として根づくのです。

次に「出来映えと制限時間」です。会議で必要な資料作成のために、何百枚ものコピーをとるのは気が進まない作業の典型でしょう。しかし、きれいなコピーをできるだけ短時間で完了することにやりがいを見出したら、作業も楽しくなるというもの。何げない雑用も、「自己最短時間をクリアする」「出来映えを得点化する」といった工夫を導入するだけで、俄然、楽しくなるのです。

そして3つめが「達成感」。ゴルフや麻雀にゲームオーバーがあるように、仕事を完了したあとの達成感を常に意識すれば、仕事を楽しく進めることができるのです。

もちろん、完了時刻を作業をスタートする前にメモしておくことを忘れずに。

スポーツと同じように、工夫して得点化することによって、面白くない単純作業や雑用が輝き出すのです。

仕事だけの毎日から脱出する「目標設定チェックシート」活用術

朝起きたとき、あなたはその日のうちにやらなければならないことが山積みであることに気づきます。もしも、本能に任せて無計画にやってしまうと、その日のうちにやらねばならならない重要なことができなくなります。

「好きだけど、緊急ではない作業」と「嫌いだけど、緊急な作業」が存在するとき、私たちはどうしても、好きな仕事を優先させて嫌いな仕事を後回しにしてしまいます。

少なくとも仕事においては、緊急性を最優先させ、短時間で作業を完了し、重要な作業にたっぷり時間をかけましょう。「好き嫌い」は趣味にとっておけばいい。

私が開発した「目標設定チェックシート」はアスリートのみならず、多くのビジネスパーソンに活用してもらっています。この用紙は1週間に1枚使用します。日曜日の夕方の時間を活用して、その週にやるべきことをこの用紙に書き出します。

まず、「今週何としても実現したい目標」と達成期限を記します。そして今週の仕事における最大のイベントを記します。その下に「その他の仕事」をリストアップして「緊急度」「重要度」「好き嫌い」という3つの要素を考慮しながら、Aランク、Bランク、Cランクと優先順位をつけます。その後、今週のオフタイムの最大のイベントと、その他のオフタイムのイベントを仕事と同様に記入。次に、先週記した用紙の採点を行ないます。完了していたら100パーセント、完了していなければ、その程度に応じてパーセンテージを記します。最後に、その週の採点を5段階評価します。

あなたの人生は仕事で埋めつくされているわけではありません。オフタイムもオンタイムと同じだけ重要です。

1週間に食事や睡眠といった、生きていくために不可欠な時間を取り除いた可処分時間は、1日約14時間として1週間でおよそ100時間。そのうち残業も含めた実質の仕事時間はその半分の50時間、プライベートの時間も50時間です。ふだんからやるべき作業をランク分けすることが、あなたの人生をさらに充実させてくれるのです。

目標設定チェックシート

20　年　月 第　週

今週何としても実現したい目標(2行で記入)

	達成期限 20　年　月　日

今週の仕事における最大のイベント

	完了チェック
	%

その他の仕事リスト

	優先度	完了チェック
①		%
②		%
③		%
④		%
⑤		%

今週のオフタイムの最大のイベント

	完了チェック
	%

その他のオフタイムのイベント

	優先度	完了チェック
①		%
②		%

今週の採点　A　B　C　D　E　当てはまるアルファベットを○で囲む

最良 ←→ 最低

注１：完了チェックは数字(%)を記入。
注２：優先度は高い順にA、B、Cで記入。
注３：毎週日曜日の午後に、その週の採点と完了チェック、翌週のイベントを記入。

自分を磨き上げてくれる「夢実現シート」活用術

小さな習慣の積み重ねが、あなたの大きな夢を実現してくれます。私の専門分野であるスポーツ心理学において、メンタルトレーニングでの重要な作業の1つは、「気に入ったチェックシートを選択して、ひたすら記入し続ける作業」です。

私は「夢実現シート」（162ページ参照）を開発し、多くのアスリートに活用してもらっています。

このシートは、ただ漠然と夢を実現するのではなく、「実現したい夢を追跡する習慣を身につけて、夢を実現する確率を高める」という役割を果たします。

つまり、このシートに記入すれば、習慣力が身につき、間違いなくあなたの夢の実現をバックアップしてくれるのです。

「夢実現は能力ではなくスキルである」と私は考えています。
「夢実現の達成期限を設定する」「小さな行動を細分化して行なう」「自分にご褒美と罰を与える」といったことを励行すれば、あなたが抱いている夢の実現の確率が、ただ口にしているだけよりも格段に高まるのです。

まず、159ページの「目標設定チェックシート」を使用して、達成したい目標を決めましょう。達成期限はその目標の大きさによって違います。

仮に、ゴルフを例に考えてみましょう。私が指導するツアープロは、1年単位でツアーに参戦しています。

彼らに共通している目標は、シーズン終了時に来年のシード権を獲得すること。シーズンが始まる3月がスタートで、シーズンが終了する11月末がゴールです。彼らにとっては、年間目標がとても大事なのです。

しかし、私が提唱する小さな習慣の積み重ねを可視化するためには、1年は長すぎるのです。それでも、「シード権獲得」という年間目標を頭の中に叩きこんでおくことは、日々の行動を引き起こすうえで不可欠な要素です。「シード権獲得」という年

金曜日 ＿月＿日	夢を実現するために今日やるべきこと	目標時間	行なった時間
	1.	分	分
	2.	分	分
	3.	分	分
	4.	分	分
	5.	分	分
3行日誌			

土曜日 ＿月＿日	夢を実現するために今日やるべきこと	目標時間	行なった時間
	1.	分	分
	2.	分	分
	3.	分	分
	4.	分	分
	5.	分	分
3行日誌			

日曜日 ＿月＿日	夢を実現するために今日やるべきこと	目標時間	行なった時間
	1.	分	分
	2.	分	分
	3.	分	分
	4.	分	分
	5.	分	分
3行日誌			

今週の進捗は何ですか?

来週に向けての課題は何ですか?

課題を解決するための行動は?

来週への意欲を記しましょう

夢実現シート

❶毎朝（または前日の夜）、今日やるべきことと目標時間を列記し、その日の就寝前にその作業を行なった時間と3行日誌を記入。
❷日曜の夕方に右下の4つの項目について、簡潔に記入。

達成したい夢 ＿＿＿＿＿＿＿＿＿＿　　達成期限：20　年　月　日

	夢を実現するために今日やるべきこと	目標時間	行なった時間
月曜日	1.	分	分
	2.	分	分
	3.	分	分
__月__日	4.	分	分
	5.	分	分
3行日誌			
	夢を実現するために今日やるべきこと	目標時間	行なった時間
火曜日	1.	分	分
	2.	分	分
	3.	分	分
__月__日	4.	分	分
	5.	分	分
3行日誌			
	夢を実現するために今日やるべきこと	目標時間	行なった時間
水曜日	1.	分	分
	2.	分	分
	3.	分	分
__月__日	4.	分	分
	5.	分	分
3行日誌			
	夢を実現するために今日やるべきこと	目標時間	行なった時間
木曜日	1.	分	分
	2.	分	分
	3.	分	分
__月__日	4.	分	分
	5.	分	分
3行日誌			

間目標は、日々の小さな習慣が支えているのですから。

　この本でも繰り返し強調しているように、あなたの夢は日々の小さな習慣の積み重ねによって初めて実現するのです。だからこそ、日々の一つひとつの小さな行動に焦点を当てて、それを形にすることが大事なのです。

　この「夢実現シート」は1週間に1枚使用します。この用紙はかならず拡大コピーして使用しましょう。まず達成したい夢を記入します。そして、実現したい夢の達成期限も同時に記入しましょう。この項目は毎週不変です。ですから日曜日の夕方に、その翌週の行動を記入する際は、何よりも先に「夢と達成期限」を記します。

　もちろん、達成期限を途中で変更しても構いません。大切なのは、自分へのご褒美とペナルティをしっかりと決めておくこと。週単位でみずからにご褒美とペナルティを与えることにより、やるべき行動は促進されるのです。143ページに記したリストをぜひ参考にしてください。

　そして、1週間単位のそれぞれの行動の達成度と、1週間の振り返りを4行で記しましょう。このチェック用紙を活用すれば、あなたの夢は、達成期間内に間違いなく実現するはずです。

Chapter 6

「よくない習慣」を苦もなくやめるワザ

悪い習慣を断ち切れないのは「意思が弱いから」ではない

人間の日常生活の80パーセントは、意思力のともなわない習慣によって行なわれています。しかし私たちは、それを実感していません。「自分の意思によって決めた行動をし、みずから決断している」と錯覚しています。

習慣のほとんどは、意思とはほど遠い自動化によって行なわれています。それは人類が、気の遠くなるような長期間をかけて手に入れた「省エネ法」なのです。

私たちは日々、無意識に、おびただしい数の行動を行なっています。しかし、それがいちいち意識的に決断や意思というものに頼ってやらなければならないことだとすれば、多大なエネルギーが必要です。しかも、その作業負荷により、私たちに大きなストレスがかかることは言うまでもありません。そのため、その人固有の行動の癖を機能させることにより、驚くほど日常生活は自動化されています。

「自分の意思で行なっている」と思いがちな行動でも、じつは周囲の環境や、ふだんの習慣に起因していることがある

人間の行動パターン研究の世界的権威である米ノースイースタン大学のバラバシ博士は、「ヒトには変化や自発性への強い願望があるが、現実の生活は強い規則性に支配されている」と語っています。

つまり、「自由意思」とは本人の錯覚に過ぎず、実際の行動の大部分は環境や刺激によって、あるいはふだんの習慣によって決まっているのです。

あなたが決断したことや、あなたの意思で行動したと思っていることも、じつは脳の自動判定装置によって行なわれているという事実を知る必要があります。
たとえば、デパートの洋服売り場で2種類のお気に入りのスーツのうち、最終的にどちらかを購入する選択を行なうのも、ランチのメニューの中から、その日食べたいメニューを最終的に決定するのも、自分の意思というよりも、すでに脳内に存在する好みの環境によって自然に決定されることが多いのです。
つまり、私たちは「無の境地」から何かを決定したりするわけではなく、その人間の過去の経験の蓄積によって形成された「人それぞれの脳の環境に適合した最適のもの」を選択することを、私たちは「意思決定」とか、「決断をする」という言葉で表現しているにすぎないのです。

喫煙や飲酒の習慣も、本人の意思というより、職場や家族の環境によって染まっていくと表現するほうが正しいのです。環境を通して、脳はそれに対して反射するようにできているのです。良好な環境や良い経験が好ましい習慣を形成し、反対に劣悪な環境や良くない経験が好ましくない習慣形成の元凶になっています。そのパワーは、私たちが考えているよりも強大なのです。

「捨てる勇気」「やめる勇気」を身につけると、時間が生まれる

行動力を身につけるには、「要らないものを捨てる」という発想をもつことです。最初に捨てる対象は「物」です。

数年前まで、私の執筆における主な作業は「本を探す作業」でした。自宅の書斎にはこれまで読んだ数千冊の本が積み上げられています。私は忙しさに取り紛れて、その膨大な本の分類をまったくしていませんでした。そのせいもあり、執筆の際に参考文献となる欲しい本を探すのに、驚くほど時間がかかりました。1冊のお目当ての本を探すのに、なんと30分かかることもけっして珍しくなかったのです。

ある時、私は本を半分に減らすことを決断しました。年に1回しか手にとることのない本を、勇気を出して処分したのです。もしも、処分したあとにその本を読みたくなれば、また購入すればいいだけの話です。そして、必要な本をジャンル別に整理して本棚に並べました。結果、本を探す時間が驚くほど短縮されたのです。

2番めの捨てる対象は「時間」です。あなたにも「やらなければよかった」という時間があるはずです。

たとえば、スマホやテレビを観る時間です。最近の調査でも、「自分がスマホに依存している」と回答した人の割合は、20代で77・3パーセント、30代で78・2パーセント、40代で66・1パーセントもいるのです。（MMD研究所調べ）

あるいは1日あたりのスマホに費やしている時間を1時間刻みで調査したところ、一番多かったのが2時間以上3時間未満（22・4パーセント）、次に多かったのが、1時間以上2時間未満（19・1パーセント）、3番めに多かったのが3時間以上4時間未満で15・5パーセントでした。

そして、毎日4時間以上利用する人たちの総割合は、なんと30・5パーセントを示したのです。さらに驚くことに、毎日10時間以上スマホにかじりついている人たちも4・3パーセントいました。

テレビを観る時間も、時代の流れとして減ってきてはいるものの、現在でも2時間15分（2022年博報堂調べ）も視聴されています。つまり、スマホとテレビ視聴に費やしている合計時間は、単純に考えても4〜5時間になるのです。

ぜひ一度、1日をかけて、あなたがスマホやテレビを観ている時間を測定してみましょう。スマホのストップウォッチの機能を活用し、スマホやテレビを観始めるときと観終えたときにスマホの画面をタップするだけで、簡単に累積時間が記録されます。そして、1日の終わりにその数値をスケジュール帳に記入しておきましょう。

「要らない時間」を捨てたいのであれば、まず、スマホとテレビを観る時間を半減させることです。

もしも、あなたが平均的な時間をスマホとテレビに費やす人だったら、それだけで少なくとも2時間の新たな時間を創出できるのです。

喫煙、飲酒……頑固な悪習慣を退治するテクニック

良い習慣だけでなく、悪い習慣も同じように形成されます。脳にとっては、それが良い習慣なのか、悪い習慣なのかはまったく関係ありません。決めごとが繰り返されると、無意識にその行動をとってしまう。それが習慣の怖さでもあります。

・自分の肥満の原因が、午後3時になるとおやつを食べることであるとわかっているのにやめられない
・夕食の食卓にアルコールがないとイライラしてしまう
・喫煙は肺がんのリスクを高めるという事実を理解しているが、「自分だけは例外である」と都合のいいように考えて、今日も2箱のタバコを吸い続ける

悪い習慣は、その期間が長ければ長いほど、それをやめることが難しくなります。米ミシガン大学の研究では、「アルコール依存症患者、喫煙者、過食症患者の脳を分析した結果、たとえ自分の評判や仕事への障害、あるいは家族の喪失といった強力な抑止力も、強く染みついた習慣をやめさせることはできない」と結論づけています。

では、悪習慣をやめる具体策はあるのでしょうか？　その具体策の1つは、自問自答すること。たとえば、妻が喫煙習慣をやめてほしいと望んでいるなら、まず「なぜ、自分は喫煙しているのだろうか？」ということについて考えてみるのです。

すでに述べたように、習慣は脳の自動モードによってコントロールされています。ですから「なぜ、自分が喫煙しているのか？」について深く考えたことはなかったは

ずです。もしも、あなたに喫煙習慣があるなら、以下のような理由が考えられます。

・単なる社交術として行なっている（軽度）
・手が勝手にタバコの箱に伸びてしまう（中程度）
・ニコチンの刺激から離れられない（重度）

重度の習慣から脱出することが困難なのは言うまでもありません。軽度なら、タバコの代わりにガムを噛むだけで喫煙習慣を退治することができるかもしれませんし、仕事の切れ目でついついタバコの箱に手が伸びてしまうなら、数分間の深呼吸とストレッチをする習慣に代えればいいかもしれません。

もしもニコチンの刺激から離れられないのなら、その代わりに何らかのカフェインを摂取すれば、禁煙の成功率が高まることが実験によって実証されています。

悪習慣の強力なパワーを退治するためには、それに代わる新しい習慣を根づかせて悪習慣を退治するしかないのです。

このとき、意思力が必要になってきます。意思力をコントロールしている前頭連合野を目いっぱい働かせることしか、悪習慣を退治するための近道はないのです。

新しい習慣の持続と意思力の共同作業によって、頑固な悪習慣もしだいに弱まっていき、やがてあなたはみごとに退治できるのです。

悪習慣が一瞬で消えてしまうメンタル術

喫煙、飲酒、ジャンクフードの摂取など、一般的に良くないとされる習慣をやめたいという人たちがたくさんいます。しかし、通常のやり方では悪習慣を断ち切ることはほとんど不可能です。それでも、良くない習慣を一瞬でやめてしまう出来事が、時として私たちの身の上に起こります。あるいは、強烈な要素をもちこむことにより、良くない習慣を一瞬でなくすことができるのです。

ある学者は、それを「雷に打たれる」と表現します。たとえば、長期間、喫煙・飲酒の習慣があった女性が、妊娠したとたん、それらの習慣をきっぱりとやめることがその好例です。

大多数の人が、自分でも良くないと思っている習慣をやめられないのは、多かれ少なかれ、「おそらく現状のままでも大丈夫」という甘えが存在するからです。

しかし、喫煙している人が、「このままこの本数のタバコを吸い続けると、5年以内に肺がんになる確率は50パーセントです」と医者から宣告されたら、どうでしょうか。ほとんどの人は、真剣に禁煙を実現させようと努力するはずです。

つまり、良くない習慣をやめたかったら、あなたにとって「雷に打たれる」ことを考えればいいのです。

もう1つの悪習慣を退治するテクニックとして、ほかの新しい習慣に置き換えることも考慮すべきです。「ほかの好ましい行動に変換する技術」が悪習慣を退治することに大きく貢献してくれます。

たとえば、ダイエットをしたかったら、単純に食べる量を減らしてカロリーを減らすだけでなく、カロリーの高い食品群からカロリーの低い食品群に切り替えればいいのです。「悪習慣をやめる」という発想をひとまずやめ、別の好ましい習慣を取り入れるだけで、悪習慣がいつのまにか消えることに、あなたはきっと驚くはずです。

時間とお金の無駄づかいを防ぐ「行動パターンチェックシート」活用術

良くない習慣を退治するには、あなたの行動を分類することが求められます。私は「4つの行動パターンチェックシート」を開発して、良くない習慣を退治することに役立ててもらっています。このチェックシートは、あなたがやるべき優先順位を明確にしてくれるだけでなく、やらなくてもいいのにやっている事柄を葬り去り、新たな時間を創出することに貢献してくれます。チェック項目は、主に4つに分類できます。

❶やらなくてはならないことでやっていること
❷やらなくてはならないことなのにやっていないこと
❸やらなくてもいいことでやっていること
❹やらなくてもいいことでやっていないこと

4つめの「やらなくてもいいことでやっていないことなんて考慮する必要はない」とあなたは思うかもしれません。

しかし私たちは、放っておけば、この4つめの作業にも手を染めてしまいます。好むと好まざるとにかかわらず、数多くのコマーシャルがテレビやスマホを介して間断なく私たちの脳内に忍びこんできます。そんな誘惑により、本来買う必要のないものを買ってしまうのです。

「買いたい！」という商品があったら、いったんこのチェック用紙に記入して、買うべきか、思いとどまるべきかを真剣に考えましょう。

常に自分を見失わないで「この新しい作業は自分にとってやるべき作業なのか？」という問いを自分に投げかけてください。そしてその作業を始める前に、いったんこ

4つの行動パターンチェックシート

20　年　月　日

❶やらなくてはならないことでやっていること	❷やらなくてはならないことなのにやっていないこと
①	①
②	②
③	③
④	④
⑤	⑤

❸やらなくてもいいことでやっていること	❹やらなくてもいいことでやっていないこと
①	①
②	②
③	③
④	④
⑤	⑤

のチェックシートに記入し、ゴーサインを出した作業だけを行なってほしいのです。

この作業を行なうだけで、あなたは人生において、時間とお金の無駄づかいをすることを防止できるのです。

誰でも簡単にできる「悪習慣を実行しない」コツ

小さな習慣を実行に移すには、ちょっとした工夫が必要です。それは、行動を促したいときには行動を起こしやすい工夫をし、行なっている行動をやめたいときには行動を起こしにくい状況をつくる、ということです。

試食調査と称して2つのグループにクッキーを渡し、完食するまでの日数を調べるという実験が行なわれました。グループAには、すぐに食べられるように包装されていないクッキーが入っている箱が、グループBには1枚1枚包装されているクッキーが入った箱が渡されました。その結果は以下の通りです。

グループAは平均して6日間でクッキーを間食しました。いっぽうグループBは完食するのに24日間かかったのです。

この実験から、「私たちはすぐ行動を起こせる状況で率先して行動に移し、行動に移すのに面倒なことを避ける習性がある」事実が判明したのです。

私たちは無意識に、多くの無駄な行動をとっています。たとえば、あなたにもこんな経験が何度もあるはずです。「スマホにゲームのアプリを入れているから、通勤電車の車内でゲームに熱中してしまい、やるべき資格試験の勉強ができなかった」。

もちろん、私はゲームを楽しむことを否定しません。しかし、勉強をするはずだった時間がゲームに取られてしまったのは事実です。そんな経験をしたくないなら、勉強すると決めたら、その時間内はゲームができない環境にしてしまえばいいのです。

スマホの電源を切り、バッグに入れてから電車に乗る。それだけです。最初は何回かバッグからスマホを取り出し、電源を入れてゲームをするかもしれませんが、しだいにスマホを手にするのを遠ざけていることにあなたは気づくはずです。

何げなくやってしまう不必要な行動を、紙やスマホに書き出してみましょう。そして、それができなくなる環境をつくりましょう。そうすれば、肝心のやらねばならない作業にたっぷりと時間を割くことができるようになるのです。

マイルールを設定すれば習慣を自在に操れる

留意すべきことは、私たちはかならずしも「優先順位の高い作業を優先的に行なうとは限らない」という事実です。そして、「優先順位を度外視して、思わず手元にあるやりやすい作業を優先してしまう」という事実です。

ですから、あなたが無駄な時間を短縮したいと考えているなら、思い切ってその作業をできない環境づくりをしてしまえばいいのです。

たとえば、テレビを1日1時間しか観ないと決断したら、タイマーなどを活用して、1時間後に自動的に電源をオフにしてしまえばいいのです。もしも、あなたがダイエットをしているにもかかわらず、帰宅途中にコンビニに寄っておやつを買ってしまうのなら、単純に帰宅径路を変えて、コンビニの前を通らないようにしましょう。

- **デスクワークをする際には、机の上にその作業にかかわるもの以外は置かない**
- **コーヒーショップで読書をするときには、スマホはバッグの中に入れて見ない**
- **朝、ジョギングをしたかったら、前夜にジョギングウェアを着てベッドに入る**

もちろん、このルールは「やめたいと思っている習慣を退治するとき」にも応用できます。小さな習慣とは逆に、行動を起こす際に面倒にしてしまえばいいのです。たとえば、以下のような具体策を実行すれば、やめたい習慣を退治できるのです。

- **禁煙したければ、タバコやライターを捨ててしまう**
- **禁酒したければ、家の中にアルコールを置かない（外食だけに限定する）**

・ダイエットしたければ、甘い物を食べたら30分ウォーキング、という罰を課する
・服を買いすぎる習慣をやめたかったら、服のカタログやファッション雑誌を捨てる

やりたい習慣はすぐに始められる工夫をし、やめたい習慣は手順を複雑にしたり、ペナルティを設定したりすれば、驚くほど簡単に習慣をコントロールできるのです。

実行力が劇的にアップする「夢実現習慣日誌」活用術

巨大な船は、小さな力では航路を一気に変えることは不可能です。しかし、日々、力を加えることによって、少しずつ船の方向を変化させることはできます。

毎日たった1度だけ変化させたとしても、90日間あれば90度向きが変わるのです。それだけでなく、その船の向きがいったん変わると、それを元に戻すことはもはや不可能になります。

小さな習慣は、大きな船が進路を変え始める最初の小さな変化を起こす起爆剤。これこそ、あなたの人生のコースを思い描いた方向に変えるために、すぐにでも実践できる強力なパワーの源なのです。

私は「夢実現習慣日誌」を開発して多くのアスリートに活用してもらっています。まず186～187ページの用紙を拡大コピーしましょう。

とにかく、小さな習慣は、何でもいいから手当たりしだいに記入しましょう。

「ウォーキングを行なう」「英単語を10個覚える」「参考書を5ページ読み進む」といったことを「やりたいこと一覧」に記入しましょう。もちろん、実行するために自分が決めた時間も分単位で記入してください。この用紙は1か月に1枚使用します。12個の習慣を記入できるように工夫されています。12個以上の習慣を記入する場合は、この用紙をもう1枚コピーして使用しましょう。

毎月1日から7日までを第1週、8日から14日までを第2週、15日から21日までを第3週、そして22日から月末までを第4週とします。

達成度により、マスをカラーペンで塗りつぶす。
青：クリア(100%)　黄：合格(70〜99%)　赤：不合格(69%以下)

20　年　月

15	16	17	18	19	20	21	22	23	24	25	26	27	28	29	30	31

第3週	第4週

第3週	第4週

夢実現習慣日誌

やりたいことを分単位で記入。毎月1日を1週目の初日とします。最終週は4週目の初日から月末まで。

やりたいこと一覧	日	1	2	3	4	5	6	7	8	9	10	11	12	13	14
	曜日														
1	___分														
2	___分														
3	___分														
4	___分														
5	___分														
6	___分														
7	___分														
8	___分														
9	___分														
10	___分														
11	___分														
12	___分														

	第1週	第2週
今週の進歩は何か?（週の最後の日に4行で記入）		

	第1週	第2週
来週へ向けての意気込みを記しよう（週の最後の日に4行で記入）		

達成度により、カラーペンで塗りつぶしましょう。100パーセント達成（クリア）したなら青のカラーペン、70～99パーセント（合格）なら黄色、そして69パーセント以下（不合格）なら赤のカラーペンで塗りつぶします。

そして、1週間の最後の日に今週の反省を兼ねて「今週の進歩は何ですか？」と「来週への意気込み」欄に、4行で記入します。習慣の程度はあくまでもクリアすることですが、簡単にクリアできる習慣ではなく、頑張ればクリアできる習慣を記入しましょう。もちろん、毎日ではなく週3回行なうというような量的な習慣も記入してください。

できるだけ「小さな習慣」に分割し、この用紙を活用してすべての行動を可視化することにより、あなたは着実にやり遂げられる人間に変身できるのです。

Chapter 7

「時間」をうまく操って習慣力を高めよう

時間の「使い方の常識」を捨ててしまおう

小さな習慣を身につけるには、とにかく時間管理に敏感でなければなりません。203ページで紹介する「時間の通帳」を使って、時間管理に敏感になりましょう。

日本のあらゆる組織では、長い時間をかけておびただしい数のミーティングが行なわれています。しかし、なかにはダラダラと時間をかけることによって、実りのある会議であったことを証明したかのような錯覚に陥っていることも珍しくありません。

まず、ミーティングの終了時間を決めてから会議を始める。もしも、結論が出ないときにはいったん解散して、少し時間を置いてからミーティングを再開すれば、気分がリフレッシュして能率も高まります。そうすれば、128ページで紹介した初頭効果や終末効果を簡単にたくさんつくることができます。

日本人は同じ行動を好みます。正月やお盆にいっせいに休むからどこも混雑する

――というのが好例です。首都圏の通勤ラッシュは、「出社時間が多くの組織で集中している」という事実を象徴しています。

美味しいラーメン屋さんやケーキ屋さんが雑誌やテレビに紹介されたら、殺到するのも日本人の特徴です。それはそれで悪くないとは思うのですが、並ぶ時間を無駄にしない工夫をしてほしいのです。

ふだんから、「人と違う行動はできないか？」ということについて、意識を張りめぐらせていれば、驚くほど効率的な仕事ができます。

たとえば、ランチタイムの使い方も大切です。昼間の休憩時間を累積すると、1年間で250時間も存在するのです。当然のことながら、首都圏のオフィス街では、正午から13時までの1時間は混んでいます。そうであるならば、昼食を11時半から12時、あるいは13時から13時半の間に済ませることで、12時～13時の1時間を有効活用できます。

あるいは、起床時間と自宅を出る時間を1時間早めれば、満員電車を避けることができ、通勤で座りながら、朝の元気な脳を活用して仕事ができるのです。

それだけではありません。出社前の1時間を使って、オフィス近くのコーヒーショップでその日やるべきことの優先順位をつけたり、訪問先でのプレゼンのリハーサルを頭の中で行なうという時間に充てたりすることもできます。

「ランチは外食で」という固定観念も捨ててください。忙しい日には、出社するときに、あらかじめコンビニでサンドイッチとバナナを購入し、オフィスで手早くランチを済ませましょう。

ふだんから1日の使い方の改善に意識を張りめぐらせ、チェックシートを活用して効率化を推進させる。

これも習慣力を高める大切な要素の1つなのです。

仕事を「ラストスパート型」から「スタートダッシュ型」に変えよう

ここで、欧米と日本の仕事ぶりの違いについてお話しします。私は留学先のアメリカのロサンゼルスで2年間を過ごしましたが、アメリカ人は朝早い時間を重要なミーティングに充てます。それは、残業時間に精力的に働く人が多い日本とは対照的です。

大学のゼミでは、午前7時から始まる、朝食を摂りながらのブレックファストミーティングが当たり前でしたし、同じ学部のテニス好きの教授と週2～3回、午前6時から1時間、シングルスのゲームをすることも日課になっていました。

いまでこそ、日本でも早朝営業のお店が増えましたが、私が滞在した40年前のアメリカではすでに、フィットネスクラブは午前5時から開いていましたし、24時間営業のコーヒーショップも珍しくありませんでした。

このように、欧米社会と日本社会では、ライフスタイルがまるで違うのです。

私は「スタートダッシュの欧米人」、「ラストスパートの日本人」と呼んでいます。

アメリカでは、午後6時にオフィスにいる人はほとんどいません。皆、自宅で家族と一緒に夕食を摂るためにオフィスを後にします。彼らの勤務パターンは、午前6時に出社して午後5時にオフィスを出るというもの。ランチも短時間で済ませ、ひたすら仕事に没頭するため、午後5時に退社しても11時間勤務していることになります。

いっぽう、日本のビジネスパーソンは、午後5時に退社する人はほとんどいません。多くの人たちが午後8時か9時、もしくはさらに遅い時間まで残業します。しかし、脳はすでに午後から疲労困憊し、残業時間にはもうヘトヘトの状態になっています。

大脳生理学的に、脳は「起床から5時間」がもっとも元気な時間である以上、残業する時間は、とても生産性の低い時間帯であると言えます。

「スタートダッシュ型」が「ラストスパート型」よりも明らかに優れている点がいくつかあります。一番のメリットは、余裕をもって仕事をやり遂げられるということ。

たとえば、あなたがラストスパート型なら、当然のことながら〝慣らし運転〟で仕事を開始するため、午前中の仕事は、その日の仕事の総量の2~3割しか進みません。昼食後、あなたは徐々にギアを上げて仕事に取り組みます。しかし、すでに脳は疲労しているため、作業能率は頑張っているわりには上がりません。そして、残業時間に突入しても、仕事が完了する気配はありません。

あなたは焦りだします。すると、ますます仕事は前に進みません。結局、その日予定していた仕事を完了させることができないまま、オフィスを後にします。

いっぽう、あなたがスタートダッシュ型だったら、午前中に7~8割の仕事を完了させてしまいます。そのぶん、午後は余裕をもって仕事に取り組めます。当然、定時内でクオリティの高い仕事を完了できます。

元マイクロソフトの伝説的プログラマーである中島聡さんは、こう語っています。

「『締め切りに迫られていないと頑張れない』のは多くの人に共通する弱さですが、仕事が終わらなくなる原因の9割は、締め切り間際の『ラストスパート』が原因です」

ラストスパート型の仕事を、スタートダッシュ型の仕事に転換してください。これを習慣化すれば、時間管理の達人の仲間入りができ、あなたにすごい成果を与えてくれるのです。

どんな小さな作業であっても所要時間を設定しよう

1日を効率よく活用するためには、常に時間管理に敏感でなければなりません。まず「締め切り効果」を活用しましょう。期限を設定するだけで、行動力が生まれてきます。ただ漠然と夢を語るだけでは、けっして夢は実現しません。

スタンフォード大学の心理学者エイモス・トベルスキー博士は、学生を被験者にしてある実験を行ないました。グループを2つに分けて、それぞれのグループに「アンケートに答えて提出してくれたら、5ドル支払います」と告げます。ただし、グループAには提出期限を設けなかったのに対し、グループBは締め切りを5日後に設定しました。その結果は、以下のようになりました。

グループAの学生は、25パーセントしかアンケートを提出しませんでした。いっぽう、グループBでは、66パーセントの学生がアンケートを提出したのです。

締め切りを設定することにより、私たちの行動力は高まるのです。小さな習慣を着実に実行するためには、日々のどんな日課においても期限を決めてください。「今日中にセールスの資料を作成する」ではなく、「午前11時までにセールスの資料を作成する」が正解なのです。

何事も制限時間を設定することにより、集中力が高まり、効率よく時間を活用することができます。つまり、すべての作業に所要時間を設定し、スケジュール帳や時間管理ノートに記入するだけで、簡単に効率よく作業する自分に気づけるのです。

私の自宅の各部屋には、トイレやキッチンも含めて、あちこちに時計が置いてあります。ふだんから時計を見る習慣をつけて時間感覚に敏感になれば作業の効率化が促進されることを知っているからです。米・ヴァージニア州クリストファー・ニューポート大学の心理学教室による調査でも次のことが判明しています。

「腕時計をしている人のほうが、そうでない人よりも時間感覚に敏感であり、人生を有意義に過ごしている」

私は、チラチラと時計を気にするよりも、仕事に没頭していたい性格なので、キッチンタイマーを活用しています。時間が来ると音で合図してくれるため、作業の切り替えがうまくできるのです。また、それだけでなく、キッチンタイマーが鳴る前に作業を完了しようという気持ちが常に働くため、仕事もはかどります。

時間は、お金のように貯めることは不可能です。〝時間の蛇口〟は常に開いており、時間という〝水〟は常に一定のペースで出続けています。それをバケツで受けとめるか、ダダ漏れさせるかは、あなたの心構えにかかっているのです。

「時間」と「お金」は同じと考えてみよう

繰り返しますが、小さな習慣を根づかせるためには、時間管理の達人を目指すことが大切です。私たちは「お金」という資産にはあれほど気をつかうのに、ひょっとしたらお金よりも大切なはずの「時間」という資産に無頓着（むとんじゃく）なのは、なぜでしょう。

理由はいくつかあります。まず、お金は可視化するのがたやすいですが、時間は可視化するのが難しいこと。自分の預金額は貯金通帳を見れば簡単にわかりますが、時計は現在時刻を示すだけです。私たちがどれだけの時間を保有しているかを示しているわけではありません。しかも、お金は使わなければ減りませんが、私たちがこうしている瞬間にも、「生きている時間」は着実に減っていきます。

あなたが金銭管理をするのと同じように、時間管理に意識を払いましょう。小さな習慣を始められない人は、時間管理に無頓着な人でもあるのです。

いっぽうで、「すぐやる人」は時間管理に対する意識が高い人であると、言えます。

「すぐやる人」の頭の中には、たとえば「仕事中の電話は3分以内に終える」というメッセージがしっかり入っています。すると、無意識にあらかじめ頭の中で話す内容を整理して、3分以内に電話を切る習慣が身につくのです。

時間管理に関して、米アリゾナ大学経営学科のルーマン・ベンソン博士の行なった実験があります。ベンソン博士は被験者に「あなたは、みずからを職を探している人間だと思ってください」と仮定させました。そして、彼らに「自分にもっとも適した職業を探す」という作業をしてもらいました。

このとき、被験者は2つのグループに分けられました。そして、グループAには「短い時間内で自分に向いている会社かどうかをどんどん判断していき、制限時間になったら、次の会社の判断に移る」というルールを設定しました。いっぽう、グループBは「時間は無制限で、グループAと同じ作業をさせる」というルールです。

すると、制限時間のあったグループAのほうが、数多くの会社に対する判断を的確

に行なうことができたのです。

これはあらゆる作業に適用できます。一見、当たり前の結果のように思われますが、この当たり前のことを日常生活の中で実行している人は、案外少ないのです。

すべての人には、午前0時に「24時間」という時間が与えられます。私が「緊張系」と呼んでいる、やる気の機能を発揮させることにより、いわゆる「デッドラインラッシュ（期限までにやり遂げるパワー）」が生まれ、バカ力が発揮できるのです。

作業の「開始」と「終了」の時刻を徹底して記録しよう

お金に関するデータは1円単位で記録されているのに、時間に関する記録がないのは不思議な現象です。

私たちの人生に与えられた時間は限られており、それはいまも着実に減っています。しかも、お金は増やすことができますが、時間は増やすことができません。

どこを見回してみても、〝1円玉〟すら転がっていません。私たちは金銭管理が徹底しているにもかかわらず、時間管理には無頓着です。

やはり、時間がお金のように目に見えるものではないことが、そうさせているのかもしれません。あるいは、「人生」という時間を無償で手に入れた感覚が、そうさせているのかもしれません。

しかし、明らかにお金よりも時間のほうが何倍も大切だと考えているのは、私だけではないはずです。

あなたの預金通帳に預金額が1円単位まで厳密に記録されているように、時間も分単位で管理すべきというのが私の考えです。

小さな習慣を定着させたければ、「時間という数字を書きこむ」ことです。私は作業にかかった時間をすべてノートに記録する習慣を身につけています。

● 時間の通帳 ●

日付	項目	消費時間	ランク
／		分	
／		分	
／		分	
／		分	
／		分	
／		分	
／		分	
／		分	
／		分	
／		分	
／		分	
／		分	

ランク別の消費時間	消費時間の合計
Aランクの消費時間	
Bランクの消費時間	
Cランクの消費時間	

【Aランク】…最高の成果が上がり、とても充実した時間が過ごせた場合
【Bランク】…予定していた行動を、能率よくこなせた場合
【Cランク】…予定通り仕事が進まず、不満足な時間の使い方をした場合

たとえば、原稿の執筆における開始時刻と終了時刻、睡眠における就寝時刻と起床時刻、読書の開始時刻と終了時刻……。もちろん、食事の開始時刻と終了時刻や、フィットネスクラブで過ごした時間も記録しています。

私はかつて、夜中に目覚めてしまうという睡眠障害を抱えていました。しかし、睡眠を数字によって可視化することにより、その障害を克服することができました。

やり方は簡単です。私はこれまで記してきた記録により、自分のベストな睡眠時間が「7時間」であることがわかっていました。ですから、就寝時に7時間後に鳴るように目覚まし時計を設定し、夜中に目が覚めたとしても、起きている時間は無視して就寝時に設定した目覚まし時計が鳴る時間に強制的に起きるようにしたのです。

それにより、夜中に目が覚めることがなくなりました。これも、時間管理を行ない、それをデータとして記録することで、良好な睡眠習慣を形成できた好例と言えるでしょう。

ふだんから、行動の開始時刻と終了時刻を記入する習慣を身につけましょう。

私は「時間の通帳」（203ページの図）を作成し、多くのビジネスパーソンに活用してもらっています。まず、毎日寝る前に、その日行なった主だった作業を記入していき、それらに費やした時間も記入します。

次に、各業務に対する成果を自己判定しましょう。最高の成果が上がり、充実した時間が過ごせたらAランク、予定した作業がまずまずこなせたならBランク、そして成果があまり上がらず、不満足な時間の使い方をしたと思ったらCランクです。

最後に、その日のランク別の消費時間を記入しましょう。

自分が作業を行なった証拠を残すことにより、効率よく行動するスキルが高まるだけでなく、行動パターンを着実に洗練させる効果があるのです。

それだけでなく、この習慣を身につけることによって、作業効率もまた高まることは言うまでもありません。

「時間時給」の発想を知り、いつも意識しよう

お金に対するコスト意識が強い人を見つけるのは簡単ですが、時間に対するコスト意識が強い人を探すのは、とても難しいものです。欧米では、大企業のトップエグゼクティブや有能なビジネスパーソンほど、お金より時間に対するコスト意識が高いというデータがあります。

「最近の若い連中は、お酒に誘ってもついてこない」という上司の不満を聞くことが多くありますが、これは、ただ懇親を深めるだけの会食を若者が嫌っているだけです。テーマがある飲み会なら、若いメンバーだって進んでついてくるのです。

もちろん、忘年会や暑気払いのような飲み会は組織にとって大事ですが、それ以外の、ただ何となく行なう飲み会は、時間の無駄づかいになることが多いのです。

会食をしなくても、工夫しだいで仕事時間内に親睦を深めることはできますし、親

睦目的の飲み会を、テーマを設定した勉強会を兼ねた飲み会に変えることも、その気になればできるはずです。

放送作家で戦略的ＰＲコンサルタントの肩書をもつ野呂エイシロウさんは「時間時給」のすすめを提唱しています。

時間時給とは、「自分は1時間にどれくらい価値を生み出せるか」という時間単位の自分の価値を指します。

この「時間時給」という考え方について、残念ながら、固定給をもらっているビジネスパーソンの意識は低いと言わざるを得ません。しかし、時間時給は簡単に弾き出せます。もらっている年収を、単純に年間労働時間で割ればいいのです。

たとえば、年収の手取りが６００万円のビジネスパーソンなら、年間２５０日、１日10時間仕事をすると仮定すれば、この人の「時間時給」は２４００円になります。

純粋に給料として支払われる６００万円以外に企業が支払っている税金や年金の積み立て基金等も含めると、「時間時給」は３０００円になるでしょう。

私は、多くの人に分単位の時間の価値をもってほしいと考えています。たとえば、時間時給が3000円の人の、1分間あたりの価値は50円です。

たかが「1分50円」と侮ってはいけません。「1分50円」の価値を積み上げれば、簡単に何万円、何十万円に変化するのです。

イチローさんがヒットを1本ずつ積み上げてメジャー通算3000本安打の偉業を成し遂げたように、あなたにとっての「1分」という時間の価値を意識しながら、効率のよい行動をとるという小さな習慣を積み上げることにより、あなたは年間何十万、ひょっとしたら100万円以上の価値を生み出すことも可能なのです。

Chapter 8

心身をリフレッシュして
みごと目標を達成する

人生は「今日しか存在しない」という切実感をもとう

仕事ができる人たちの共通点は、常にオフを充実させ、エネルギッシュに仕事をするために心身の状態を万全にしていることです。

日本と欧米のビジネスパーソンを比較すると、日本のビジネスパーソンは、可処分時間（睡眠や雑用を除いた自由に使える時間）の多くを仕事に費やしていることがわかります。

たしかに長時間労働によって「仕事をした」という実感は味わえますが、肝心の成果は仕事に注いだ時間ほど見返りがないことが多いのです。それに対し、オフタイムの充実度では、圧倒的に欧米のビジネスパーソンのほうが上です。オフを充実させれば、肝心のオンタイムも充実させることができると、私は考えています。

仕事時間の合間に運動を取り入れることにより、リフレッシュ効果が生まれることも判明しています。米ノース・アリゾナ大学のシェリル・ハンセン博士は、21名の学生を被験者にし、エアロバイクを使用して10分単位で運動をさせました。その結果、ほとんどすべての被験者の疲労、緊張、抑うつといった症状が軽減されました。

興味深いのは、その効果が20分、30分の運動を行なっても同じだったということ。つまり、気分転換という観点のみを考えた場合、10分間だけの身体運動でも効果的なのです。

午前9時から午後5時までの勤務時間の中で、とくにデスクワークが多いビジネスパーソンは、ブレイクタイムを活用して3〜5回の「10分間運動」をおすすめします。

もちろん、あなたにとっての日々の睡眠・食事・休養を万全にしてください。213ページに「オフの過ごし方チェックシート」を示します。この表を活用することにより、驚くほど疲れを取り除けることがわかるのです。私が知る限り、仕事ができる人たちの共通点は、朝の時間を大切にしていること。最近は、朝早く起きて、朝食を兼ねて英会話などの勉強会に参加する〝朝活〟を習慣にしている人たちも増えています。

もう一度、自分の1日の時間の使い方を点検してください。そして、いますぐ疲労困憊している就寝前の時間を、朝に振り分けてください。睡眠に無頓着な人で、肝心の昼間にエネルギッシュに仕事にのめりこめる人はあまりいないというのが私の実感です。

あなたにとって最高の睡眠パターンを身につけて、それを軸にして日常生活のスケジュールを組めば、驚くほど充実した人生を歩むことができるのです。

私のスポーツ心理学の先生であるジム・レーヤー博士のモットーは、「1日単位で完全燃焼!」です。つまり、「今日がひょっとしたら自分の人生の最期の日かもしれない!」という切実感をもって生きることが大切なのです。

昨日のことは忘れてしまいなさい。明日のことは明日考えればいい。今日という1日こそ、自分の人生のすべてという気持ちをもって、ベストを尽くしましょう。

仕事における日々のルーティンワークを最高のものに仕上げることはとても大切で

オフの過ごし方チェックシート

20　年　月　日

オフの日の生活でもっとも近い項目の数字を○で囲んでください。

①睡眠時間

・8時間以上…5　・7〜8時間…10　・6〜7時間…5　・6時間未満…3

②起床・就寝時間の習慣➡いつも決まった時間に起床する

・はい…5　・いいえ…0

③活動的な休息時間➡運動(ウォーキング、球技、水泳など)を楽しんだ時間

・1時間以上…5　・30分〜1時間…2　・30分未満…1

④受動的な休息時間➡読書、映画、テレビ、音楽鑑賞などの休息に費やした時間

・1時間以上…5　・30分〜1時間…2　・30分未満…1

⑤リラックスのためのエクササイズの時間

・1時間以上…5　・30分〜1時間…2　・30分未満…1

⑥食事の回数

・3回…5　・2回…3　・1回…1

⑦食生活の健康度➡軽く、新鮮で、低脂肪で、炭水化物中心の食事をとったか

・毎食そうである…5　・ほとんどそうである…2　・そうではない…1

⑧今日は楽しい1日だったか

・楽しかった…5　・楽しくなかった…2

⑨個人的な1日の自由時間は?

・1時間以上…5　・1時間未満…2

1日の総計
(50点満点)

点

レベルA 40点以上➡あなたの回復量は最高レベルです

レベルB 35〜39点➡あなたの回復量は優れています

レベルC 30〜34点➡あなたの回復量は平均レベルです

レベルD 25〜29点➡あなたの回復量は、やや劣っています

レベルE 24点以下➡あなたの回復量は劣っています

す。しかし、それだけでは物足りないというのが私の考えです。レーヤー博士は、このように語っています。「あなたを車にたとえたら、左側のタイヤがオンタイムなら、右側のタイヤはオフタイム。どちらも同じだけ重要なのである」。

日々、オンタイムのメインイベントとオフタイムのメインイベントを着実に1つずつ実行する。それだけでその日は充実したものになるのです。日々成長、日々進歩。毎日わずかでもいいから、ただし着実に進化する。この心構えが大切なのです。

「1分間リフレッシュ法」の絶大な効果

米フロリダ州立大学の心理学者ロイ・バウムマイスター博士は、「日々の行動の95パーセントは潜在意識により起こされ、たった5パーセントだけが意識的に行なわれている」と主張しています。

私が開発した「1分間リフレッシュ法」は、多くのアスリートに活用されています。これは、目の前の一瞬に意識を注ぎ、瞑想をする儀式であり、同時に心の中から不安を取り除く儀式でもあります。

やり方は簡単です。背筋を伸ばして椅子に座ります。ゆったりとした呼吸をしながら脳裏にイメージを描きます。基本的には3秒かけて息を鼻から吸い、6秒かけて口から息を吐きましょう。

脳裏に段ボールの箱を描き、その中にいま抱えている不安が書かれた紙を入れていきます。たとえば、「仕事が定時までに終わらない」「A商事との商談がまとまらない」といったメッセージをあらかじめメモ用紙に書き出しておき、その紙を箱の中に入れていくイメージを描くのです。

1分間かけて、いくつかの不安を箱の中に入れたら、その箱を清掃車へと運び入れます。そして、その箱を積んだ清掃車は走り去っていきます。

このイメージトレーニングに慣れれば、1分間で深呼吸をしながら4〜6個の不安が書かれた紙を箱に入れ、その箱を処理することができます。当然のことながら、この作業を習慣化することにより、みごとなまでに心の中から不安が消え去ることに、あなたは気づくのです。

もちろん、このテクニックはみずからに自信をつけることにも応用できます。同様に1分間かけて好ましいメッセージを考えておきましょう。宅配便のスタッフがあなたの家に箱を届けてくれます。

その箱を開けてみるとカードが入っており、そのカードには「あなたはセールスの才能がある」「あなたは資料づくりの名人である」「商談がうまくいく」といった、あなたにとって好ましいメッセージが書きこまれています。あなたはそのメッセージを1枚1枚点検しているシーンを脳裏に描きます。

1分間経過したら、あなたは自信に満ちあふれた表情で目を開けます。

以上述べた、「不安を取り除いて心に自信を満たすイメージトレーニング」が、不安でいっぱいだった心理状態を改善し、行動力のある人間へと仕立ててくれるのです。

● 自信がみなぎってくる「1分間リフレッシュ法」 ●

① 宅急便の人から箱を受け取っているイメージ

② 箱の中には、あなたにとって好ましい言葉が書かれたカードがたくさん入っている

③ カードを1枚ずつ見て微笑んでいる

ゆっくりと深呼吸をしながら①～③のイメージを1分間かけて脳に描いていく

「マインドフルネス」を日常生活に取り込もう

小さな習慣として、ぜひ日常生活の中に組み入れてほしいのが「マインドフルネス」です。働き方改革の一環として、「メンタルヘルス」がいま注目されています。労働環境の改善は、企業だけでなく、いまや国全体にかかわる大きな課題です。

２０１６年９月、内閣官房に「働き方改革実現推進室」が設置され、働き方改革の取り組みを提唱しました。日本の長時間労働について、２０１３年に国連から①多くの労働者が長時間労働に従事している、②過労死や精神的なハラスメントによる自殺が職場で発生し続けている、という事実を懸念して、その是正勧告が行なわれました。

世界を見渡してみても、日本ほど長時間労働を強いられている国を探すのは難しく、とくに働き盛りの30～40代による長時間労働の割合が多いのが特徴です。

あるいは、残業や長時間労働だけでなく、転勤・配転の命令にも応じなければならない実情があります。これを拒否すると、有期契約社員やパートとして働くことを余儀なくされることも珍しくありません。

それが、本人も気づかない深刻なメンタルヘルスの障害を与え、ときには過労による自殺という最悪の結果を生み出すのです。そのような事態を防ぐためには、ふだんからひんぱんにストレスを解消するための小さな習慣を積み重ねることが肝要です。

そのなかでも、手軽に行なえるのが「5分間瞑想」です。「5分間瞑想」は、すきま時間を活用して行なうことができる、手軽かつとても効果的なリフレッシュ法です。

道具も必要なく、いつでもどこでもできます。最低でも1日10回、すきま時間を活用して行なってください。

やり方は簡単です。まず、姿勢です。柔らかいソファーに座るよりも、ふつうの椅子に座って行なうほうが、よい姿勢を保つことができます。もちろん、起床後と就寝前にベッドの上であぐらをかいてやってもかまいません。

背筋を伸ばして肩と腕をリラックスさせ、深く腰かけましょう。両足は、太ももの内側にほどよく力が入るようにしてください。

リラックスするには意識を呼吸の音に置く「聴息法」をお勧めします。

あなたにとって心地よいリズムを見つけてください。鼻から吸って口から吐く。その呼吸の音に耳を澄ませましょう。

私の場合、4秒かけて鼻から吸いこみ、8秒かけて口から吐くのが、もっとも心地よいリズムです。つまり、1分間に5サイクルのリズムで深く、ゆっくりとした呼吸をするのです。ただひたすら、呼吸する音に意識を集中させて瞑想を行ないましょう。

これを習慣化させると、自律神経のバランスがよくなり、それまで交感神経が優位だったのが、副交感神経が優位になり、心身をリラックスさせてくれます。

腹式呼吸をしながらの瞑想の習慣が「マインドフルネス」を実現させて、あなたの心身の健康に大きく貢献してくれるのです。

● すきま時間で手軽にできる「5分間瞑想」 ●

4秒かけて息を吸い、8秒かけて吐く……このサイクルを1分間で5回、5分間続ける

参考文献

「あきらめずにやりぬく人に変わる方法」佐々木正悟（中経出版）／「ひらめき脳」茂木健一郎（新潮社）
「脳には妙なクセがある」池谷裕二（扶桑社新書）／「すぐやる力やり抜く力」児玉光雄（三笠書房）
「のうだま1やる気の秘密」上大岡トメ&池谷裕二（幻冬舎文庫）／「グズをやめる心理術」内藤誼人（PHP文庫）
「子どもの夢を叶える家族の教科書」原田隆史（学研パブリッシング）
「行動が早い人の仕事と生活の習慣」野呂エイシロウ（すばる舎）
「なぜ、あなたの仕事は終わらないのかスピードは最強の武器である」中島聡（文響社）
「自分を『やる気』にさせる！最強の心理テクニック」内藤誼人（ぱる出版）
「科学的に元気になる方法集めました」堀田秀吾（文響社）／「小さな習慣」スティーヴン・ガイズ（ダイヤモンド社）
「めんどくさがる自分を動かす技術」冨山真由著、石田淳監修（永岡書店）
「結局、『すぐやる人』がすべてを手に入れる」藤由達藏（青春出版社）
「図解モチベーション大百科」池田貴将（サンクチュアリ出版）
「習慣の力 ThePowerofHabit」チャールズ・デュヒッグ（講談社）
「時間の波に乗る19の法則」アラン・ラーキン（サンマーク出版）
「人生を変える習慣のつくり方」グレッチェン・ルービン（文響社）
「3週間続ければ一生が変わる」ロビン・シャーマ（海竜社）
「HELLWEEK 最速で『ダントツ』に変わる7日間レッスン」エリック・ラーセン（飛鳥新社）
「天才たちの日課クリエイティブな人々の必ずしもクリエイティブではない日々」メイソン・カリー（フィルムアート社）
「『やる気はあるのに動けない』そんな自分を操るコツ」児玉光雄（SBクリエイティブ）
「超一流アスリートが実践している本番で結果を出す技術」児玉光雄（文響社）
「いまの仕事でいいの？と思ったら読む本」児玉光雄（東邦出版）

本書は、河出書房新社より刊行された『目標は小さければ小さいほどいい』を、文庫収録にあたり、加筆、改筆のうえ、改題したものです。

児玉光雄（こだま・みつお）

1947年、兵庫県生まれ。京都大学工学部卒業。大学時代はテニスプレーヤーとして、70～74年に全日本選手権に出場。カリフォルニア大学ロサンゼルス校（UCLA）大学院に学び、工学修士号を取得後、米国オリンピック委員会スポーツ科学部門の客員研究員としてオリンピック選手のデータ分析に従事。鹿屋体育大学教授を経て、現在、追手門学院大学特別顧問。専門は体育方法学、臨床スポーツ心理学。長年にわたりプロスポーツ選手のメンタルカウンセラーとして活躍する一方、ビジネスパーソン向けの講演活動も精力的に行なう。著書は『大谷翔平 勇気をくれるメッセージ80』（三笠書房）、『大谷翔平 86のメッセージ』『最高の自分を引き出すイチロー思考』（ともに三笠書房《知的生きかた文庫》）、『頭がよくなる！「両利き」のすすめ』（アスコム）など約200冊。日本スポーツ心理学会会員。日本ゴルフ学会会員。

知的生きかた文庫

すごすぎる小さな習慣

著　者　児玉光雄
発行者　押鐘太陽
発行所　株式会社三笠書房
〒一〇二－〇〇七二　東京都千代田区飯田橋三－三－一
電話〇三－五二二六－五七三四〈営業部〉
〇三－五二二六－五七三一〈編集部〉
https://www.mikasashobo.co.jp
印刷　誠宏印刷
製本　若林製本工場

ISBN978-4-8379-8857-1 C0130